LOCUS

LOCUS

LOCUS

LOCUS

from

vision

from 30　智能記憶

Intelligent Memory

作者：Barry Gordon & Lisa Berger
譯者：黃佳瑜
責任編輯：湯皓全
美術編輯：何萍萍
法律顧問：全理法律事務所董安丹律師
出版者：大塊文化出版股份有限公司
台北市105南京東路四段25號11樓
www.locuspublishing.com
讀者服務專線：0800-006689
TEL：(02) 87123898　FAX：(02) 87123897
郵撥帳號：18955675　戶名：大塊文化出版股份有限公司

總經銷：大和書報圖書股份有限公司　地址：台北縣五股工業區五工五路2號
TEL：(02) 89902588 (代表號)　FAX：(02)22901658
排版：天翼電腦排版印刷有限公司　製版：源耕印刷事業有限公司
初版一刷：2005年9月

定價：新台幣280元
Printed in Taiwan

Intelligent Memory
智能記憶

Barry Gordon, M.D., Ph.D., & Lisa Berger 著
黃佳瑜 譯

目錄

獻給從不需要指點方向的布萊特，也獻給永遠得費心教導的艾歷克斯。

引言

你以爲自己所嚮往的記憶力，並非你最需要的記憶力。

幾乎每個人都會抱怨自己記不得別人的名字、找不到亂放的皮包或車鑰匙，或者想不起來自己開車前往店舖是所爲何來。這些問題，莫不繞著一種稱之爲一般記憶（ordinary memory）的記性打轉。

然而，還有另一種記憶——智能記憶（intelligent memory），其重要性不遑多讓。當人們覺得他們的思考無法盡如人意地敏捷或伶俐，就是智能記憶失了靈。他們覺得落後於人，因爲親戚朋友解答問題的能力比他們強，理解笑話或掌握精髓的速度比他們快。他們心想，「我怎麼就沒想到？我怎麼沒預料到那個問題？我怎麼看不到答案？我怎麼沒辦法把點連成線？」。

智能記憶是將我們的思維——以及一般記憶的片段——「膠合」在一起的記憶。智能記憶既是思維或概念，也是一種認知過程，產生所謂的批判性思考或創造性思考。它由三項元素構成：一樁樁記憶（也就是經驗、資訊與知識）；記憶之間的連結；以及在這些記憶與連結之間混合與配對，藉此創造出更複雜思維的一個獨特的心智處理過程。一般記憶會老化衰退，智能記憶則不同，它可以隨時間而強化，因經驗而提昇。

雖然智能記憶在人們精神生活的各個層面上，肩負著一定的作用，但它的進步空間卻備受忽略。許多人一心一意開發他們的一般記憶，完全沒想過腦筋之所以失靈，很可能得歸咎於另一個源頭。這項疏漏的存在，主要是因爲智能記憶不符合多數人對記憶本質及其運作方式的概念。智能記憶的運作方式跟一般記憶不同，它是不露聲色而且往往非常快速的。

人們多半假設一般記憶決定了人的智力高下，所以一旦腦筋打結，便歸咎於一般記憶，不深究其中原委。事實上，記住事情細節和聰不聰明之間，根本沒有直接關聯。那些記得住大量事實的人，不一定擁有最高智力。有些人（例如某些自閉症患者）擁有驚人的記憶庫，卻欠缺有用的理解力。記憶競賽的優勝者，不見得比輸了比賽的人更聰明。而那些幾乎完全喪失一般記憶的人（例如失憶症患者），仍然保有他們的智能。

智能記憶爲你的智力提供燃料，它是心智處理過程中無所不在且自動啓動的一環，也是造就「敏捷」思維的機械裝置。智能記憶在多方面讓你更聰明：它可以改善包羅萬象的日常活動，從跟頂頭上司討價還價，到使你的休閒嗜好更有趣。在一項針對人們如何挑選致勝賽馬的研究中，發現最成功的賽馬預測者只有初二的教育程度，智商九十二。他的在學表現或許不佳，卻是賽馬課堂上的佼佼者。

身爲神經科學家，我畢生試著理解人腦如何運作，什麼地方可能出差錯，以及如何修補或改善問題。我的研究幾乎完全以記憶爲重心，部分是因爲記憶對人腦的運作無比重要。我的前一本著作《記憶：日常生活中的記憶與遺忘》（*Memory: Remembering and Forgetting in Everyday Life*）闡述人們的一般記憶，以及改善一般記憶的方法，其中只簡短涉及智能記憶，甚至沒有明確提及「智能記憶」這項名稱。這是因爲我的病人多半相信一般記憶即其問題根源，希望更深入了解它。然而時至今日，一般記憶與智能記憶的角色對比，竟以我想像不到的方式，成了我生命中刻不容緩的重大課題。

我的兒子艾歷克斯在我著手撰寫《記憶》之前不久誕生，到了該書付梓之際，他應該長成一個正常的小男孩了，然而情況並非如此。他一直學不會說話，甚至還需要別人幫忙餵食。醫生的正式診斷，說他罹患帶有嚴重發展遲緩的自閉症。如今，一些最簡單的日常動作——例如撿拾掉落的物體時，應該鑽到桌子底下而非越過桌上——對艾歷克斯來說，都是莫大的挑戰。

他的智商低到幾乎無法測量的地步，可是，他可以像職業好手般地操作錄影機。面對艾歷克斯的狀況，以及他與眾不同的長處與短處，我必須自問，爲什麼有些事情對他來說何其困難，對我們而言卻又如此容易。我們的大腦如何解決這些小小的難題？他爲什麼做不到？而爲什麼在某些事情上，他的表現又比我強得多？

問題的答案不僅有益於艾歷克斯，也適用於所有人：我們在生命中學到的心得，多半是智能記憶一手造就的。它幫助我們撰寫工作上的策略報告、決定如何投資退休基金、爲不速之客準備晚餐、苦勸正值青春期的女兒戒菸、替另一半籌備生日驚喜派對、針對房屋重新裝修的合約討價還價、說服商店經理讓你換貨。它幫助我們解決問題、洞澈事理，讓我們有能力靈活思考、不落窠臼。

你爲什麼應該停止憂慮一般記憶，轉而以智能記憶爲重心呢？這個世界愈來愈苛求我們以更好的方式思考，智力競賽無所不在，尤其以工作場合爲甚。搶手的雇主將批判性或創造性思考測驗，納入新進人員招募面試的一環。雖然這些測驗仍有部分涉及傳統的智能觀點，但是其中相當可觀的比重，可用來探測一個人是否有能力進行快速且創造性的思考。一名公司主管要求應徵者教他一件他不懂的事，「藉此看看他們是否擅於表達，也看看他們是否具有眞材實料。」許多諸如此類的測驗，都要求應徵者運用其智能記憶。

就算求職不需要動用智能記憶，我們的生活則無可避免。它協助我們克服日常問題、提昇知識的品質，使我們對文學、電影、卡通甚至廣告都能有更深入的理解與體會。智能記憶還可以激發創意，這些創意或許單純如機智雋語，也可能複雜如以獨到的方式說明一套繁複的程序。智能記憶能使我們對人、對事產生更深刻的洞察。活躍的智能記憶從儲存豐富影像及構想的寶庫中汲取靈感，擴大見解的深度與廣度。事情的道理將更清晰可見，不論是年度報表中的細微差異，或是男友離棄我們的緣由。

雖然要改變人們思考問題和解決日常困境的方式，其過程既不簡單也不輕鬆，但結果可能十分驚人。我們的生活周遭，充斥著受智能記憶啓發的便利發明。有誰不曾一邊使用裝了輪子的行李箱、隨聲聽、隔夜送達的快遞服務、累積飛行里程時，一邊納悶「我爲什麼就沒想到這個點子呢？」答案是——大多數人都想得到。

敏捷的思考能力，並非我們無法掌控、神祕費解的電光一閃，也不是天才所獨有。恰恰相反：智能記憶圍繞著可以取得與磨練的心智工具，不是生來就註定好、不可改變的。它會隨著歲月而成長，其內涵與胃納無可限量，可以接受各種形式與方向。雖然生理結構決定了智能記憶的起點，但它的未來走向卻操之在你。透過指導與練習，幾乎人人都可以學會更好的思考方式。

一般性記憶的衰退與年齡有關，它會在我們五十來歲時神不知鬼不覺地發生，害得我們忘記事實和臉孔。反觀智能記憶卻能與時俱進；隨著經驗與知識愈來愈豐富，就能累積愈來愈多的智能記憶。若非我們自己喊停，智能記憶的累積可以無窮盡地持續下去——即便邁入五十、六十、七十或更深的暮年。

愈常在日常生活中使用智能記憶，愈能找出運用它的方法，而它也會愈來愈靈活。當你召喚記憶以及記憶間的連結時，智能記憶將隨之日益牢固。在你使勁搜索智能記憶之際，它所產生的思維將更容易提取，聰明的構想也將更快速地迸入腦海中。

對許多人而言，智能記憶是生命的成功關鍵。智能記憶並非成功的唯一要素——個性和運氣也扮演了重要角色——但它是我們所能掌控的因素中，最重要的一環。

本書不同於你或許閱讀過的其他記憶書籍，它無法在你玩「打破砂鍋問到底」（Trivial Pursuit）這類益智遊戲時助你一臂之力，也無法幫助你記住宴會上的每一個名字，但它將教你以更好的方式解決日常問題，學會更好、更具創意的思維。本書將綜合各項證據、摒除術語，讓你明白良好的思維如何運作，以及智能記憶可以如何提昇思維能力。

1 智能記憶是什麼？

花一點時間思索你的思考方式。每一個意念都由許多步驟構成，我們的心智在記憶片斷之間進行連珠炮似的串聯，每個動作都在幾分之一秒的瞬間完成。我們的思維運用兩種截然不同的記憶，第一種是人們最熟悉的一般性記憶。一般性記憶負責記住特定時間、日期、地方、人物、事件與事實。人們在思考或談論「記憶」時，指的多半是這種記憶。由於一般性記憶是一個出於意識的過程，所以我們不斷察覺它的存在，知道它何時發揮作用，特別是它何時不靈光。當我們忘記車鑰匙放在什麼地方，就是一般性記憶失靈了。

第二類記憶稱之爲智能記憶，其重要性高出許多。智能記憶涵蓋了我們對車鑰匙所知的其他一切，像是它們的用途、它們的形狀，以及除了用來發動車子之外，還能有哪些作用。在你閱讀這些字句的時候，動用的是智能記憶，而非一般記憶。你的智能記憶正在全速運轉，將紙上符號翻譯成你認得的字，並且試著理解這些字的意義。

一般記憶儲存特定事實，智能記憶則儲存關聯與意義。一般記憶是意識性行爲，相對而言速度較慢——我們通常可以察覺自己正試著回想某個名字或日期；反之，智能記憶運轉快速、不費工夫，而且往往是不自覺的。感官、心智和肌肉的一切動作，幾乎都由它負責。但是最重要的是，它是爲我們的智能提供動力的引擎，而這就是它被稱作智能記憶的原因。

我們每一個人都擁有驚人的智能記憶量，而且無時無刻不使用它，不論我們的一般記憶能力有多差。跟一般記憶不一樣，我們不需要使盡力氣強迫智能記憶運轉。它不費吹灰之力地在我們的腦子裡閃進念頭，讓我們可以不假思索地迸出答案跟解決辦法。

福爾摩斯爲智能記憶的心智活動提供一個完美範例。以下是華生博士針對他與福爾摩斯初次見面的記述：

「華生博士，夏洛克·福爾摩斯先生，」史坦福替我們引薦彼此。

「你好，」他友善地説道，以一種無法教人稱讚的力道跟我握手。「我明白你剛從阿富汗回來。」

「你怎麼知道？」我詫異地問道。

福爾摩斯回答：「……出於長期習慣，一連串思緒快速穿過我的腦中，以致於我沒察覺中間步驟就逕自跳到結論。不過，這些步驟確實存在。這一連串的推理是這樣進行的，『這兒有一位看似來自醫界的紳士，但是神態恍若百萬富翁，顯然是一名軍醫。他剛從熱帶回來，因為他的臉孔黝黑，但那不是他的天然膚色，因為他的手腕白皙。他經歷了艱苦與病痛，從他憔悴的臉龐可見一斑。他的左臂受了傷，手臂姿態僵硬不自然。一名英國軍醫可以在哪個熱帶地方受盡風霜、傷了手臂呢？顯然是阿富汗。』接踵而來的思緒佔用不到一秒鐘的時間。」

福爾摩斯的智能記憶使他擁有敏銳的認知能力，讓他在轉瞬間進行聯想、從這些聯想導致各種推斷、找出滿足所有推斷的合理解釋。這則範例雖是個虛構情節，卻頗能顯現好的智能記憶是如何運行的——觀察與思考同時進行，在記憶與意念之間快速遊移，其運作幾乎無跡可循。

在一般記憶停擺時插手

福爾摩斯這等了不起的表現，不可能拜其一般記憶所賜。一般記憶只包含特定事實、新面孔、日期及時間，它的運作速度緩慢，往往需要絞盡腦汁才能提取記憶中的一樁事件或一項概念。要上演福爾摩斯這種精采絕倫的推論，需要仰賴智能記憶閃電般的串聯能力。

以下是一般性記憶停擺（或失靈），而智能記憶插手介入、激發念頭，因而扭轉大局的一些範例。隨著往下閱讀，你將得知智能記憶如何實際完成這項心靈戲法。

- 你忘記車鑰匙放在什麼地方，翻箱倒櫃遍尋不著。突然間猛然想起，多年前曾在車子底盤下的磁盒放了一把備用鑰匙。
- 有人在街上跟你打招呼，你一時想不起來他的名字，可是對話中隱約透露他認識你的另一半，而這項線索讓你頓時記起他的名字。
- 到了雜貨店門口，你才發現自己忘了帶購物清單。不過當你在店內穿梭、瀏覽貨架時，你就回想起自己需要的東西。
- 你的眼鏡掉到沙發後頭，沙發椅太重了，無法搬動。起初，你一籌莫展，但是後來想到一個主意：拆開大衣衣架的鐵絲，用它把眼鏡勾出來。
- 你在百貨公司大門口等人，你的朋友說他得到五樓辦點事。等待之際，你無所事事地左顧右盼，突然發現這棟建築只有四層樓高。你立刻明白自己一定弄錯了地點，因為你的朋友需要到五樓辦事。

・你在一片空地上，試著幫你的兒子操作模型火箭，可惜你和他一樣，都是個門外漢。另一對父子在同一片空地上研究火箭，你無意中聽到那名父親對兒子說，雲層看起來大約五千呎高。你明白這個人懂火箭，可以給你和你的兒子一點幫助，儘管你的兒子看不出其中的關聯性。

・這則漫畫讓你在還說不出其中道理之前莞爾一笑：

智能記憶的運作方式

智能記憶的工作範圍幾乎無所不包。它指揮感官，幫助我們產生視覺、聽覺、動作、嗅覺及味覺；它也是更高層思維——包括問題解決、社交技巧及創造能力——的動力泉源。智能記憶通常是看不見、摸不著的，但你可以學著辨識它的運作。爲了讓你感受智能記憶的運作方式，我們從它如何看待、詮釋一個相當簡單的觀念——例如視覺影像——開始著手。你在下面這張圖中看見什麼？

你是否看見一隻朝左側觀望的大麥町狗？你可能立刻就看見了，或者只花一兩秒的時間。如果你確實見著這隻大麥町狗，就是智能記憶的視覺部分幫了你的忙。由於圖中只有黑白兩色斑點，你的視覺智能記憶忙著比對這些斑點和你見過的形狀，在轉瞬間篩選記憶中的數百萬個影像，然後發現大麥町狗的體態最符合這幅圖像。

假使你從未見過大麥町狗，你就不會在圖中看到牠。如果你見過大麥町，你就存有關於牠的智能記憶，就算你不記得自己見過也無不礙事。這是因爲智能記憶在每回使用時便自動「學習」，不論是捕捉視覺影像（如大麥町狗），或激盪出複雜的構想。智能記憶的產生，來自神經細胞活動以及神經細胞彼此間的連結，只要一啓動就增加新的學習。衝擊著神經細胞的每一件事，都會使神經細胞發生小小的改變，成爲產生智能記憶的神經連結網路的一部份。

神經細胞的啓動以及後續學習，可以在無意識的情況下發生。雖然你從未刻意記住你見過的各種犬類，你的大腦自動把牠們嵌在視覺智能記憶中了。你或許忘了《一〇一忠狗》故事裡，兩頭大麥町的名字分別是龐哥和白佩蒂，可是牠們倆的神髓還是會鎖在你的視覺智能記憶裡。對大多數人來說，一旦大麥町的形象存在記憶中，那麼搜索圖中斑點、比對記憶，然後找出大麥町是最吻合的圖像，整個過程花不到半秒鐘的時間。

大麥町的範例突顯智能記憶的基本特徵：

- 它確實是一項記憶功能，你必須先有經驗，才能在腦中搜索或累積。
- 它的運轉速度非常快，轉瞬間就能完成它的基本步驟。
- 智能記憶的許多環節可以同時運作。即使在睡眠中，智能記憶的某些部分仍持續翻騰攪動。
- 智能記憶持續進行學習，只要一啓動，就能自動記住自己正在進行的動作。
- 大多數時候，你絲毫不覺智能記憶正在工作中。你察覺它所產生的影像或想法，但無法察覺它產生影像或想法所歷經的程序。
- 你可以有意識地操縱智能記憶的某些部分，使它們以你希望的方式得到你想要的學習。

試試看下一張圖片，你看見了什麼？

儘管對多數人而言，圖中的斑馬比先前的大麥町還難以辨識，但假使你見著了斑馬，很可能是基於之前端詳大麥町圖片的經驗，而以較快速度看出斑馬圖形。你以前恐怕難得有機會打量墨漬裡的端倪，但試著從墨漬裡看出大麥町的經驗，讓你學會如何更有效地察看圖形，並且在你的智能記憶裡刺激出更多視覺影像。如此一來，你用來觀看圖片並搜索腦中影像進行配對的心智運作機制，也會變得更有效率；你的智能記憶因而獲得提昇。而這一切進展，都不需要你刻意費心即可完成。

引擎的三大零件

智能記憶有三大構成要素：資訊、資訊之間的連結，以及管理資訊及連結的心智過程。心智過程本身也由同樣的基本元素——資訊及連結——所構成，好比由系統管理員控管的電腦網路，系統管理員本身也是一部電腦。記憶存在於系統的每一環節，因此每一環節都可以從經驗獲取學習、都可以加以教導。

智能記憶擁有龐大的資訊量。你心中存在的大麥町及斑馬形象，和你見過的各種犬類或野生動物一樣，都是一樁樁資訊。有些資訊是事實（如「華盛頓特區是美國首府」），然而大部分資訊與事實無關；它們屬於感官認知或心智影像，例如絲絨的觸感、你高中英文老師的容貌；或者是觀念與知識，例如誠實。技能也是一種資訊，它可能像拿鑰匙開鎖那樣簡單，或者如騎腳踏車、打撞球或打高爾夫球一般複雜。

資訊之間的關聯性是一群密密麻麻的網路，負責將資訊串聯起來，構成複雜的意念。我們一聽到「brain」（大腦）這個英文字，就會聯想到B-R-A-I-N這幾個字母。我們擁有將感官資訊

（例如冰涼的鼻尖、噴氣的舌頭或搖擺的尾巴）和概念（例如小狗熱情洋溢的心智圖像）串聯起來的能力。同樣的，也能將電視、錄放影機和遙控器串聯起來，產生一個成天看電視的懶骨頭的概念。這些串聯能力都是後天學習而來的。頭一次接觸這些資訊時，一切都很新鮮，但是一經學習，資訊就成了智能記憶的一部分。

腦中的大部分資訊以及資訊間的連結，平時是處於靜止狀態的。好比還沒開啓的電腦，我們的部分記憶也尚未被喚醒。見到大麥町圖片之前，你腦中關於狗的資訊大概就是這種情況。然而一經觸發——例如見到相關圖片——這些潛伏的資訊與連結就會進入運作狀態。受到啓動之後，它們將透過串聯能力刺激智能記憶中的其他資訊。其運作可以是全自動的。當你在紙上的墨漬看到一頭大麥町，就表示一連串刺激朝正確方向發展，最後在你腦中觸發了大麥町的影像。

智能記憶的第三部份——記憶處理管理員——並未針對這一連串刺激做出任何貢獻。但假使你得花幾秒鐘才能看到大麥町圖像，記憶處理管理員就得出馬上工。它發現腦中沒有產生任何串聯，於是開始扛起指揮資訊啓動與流量的責任。由於它如此賣力工作，你或許可以感受到「搜索」記憶的感覺。那份感覺，即記憶處理管理員在判斷搜尋過哪些記憶片段，並且檢查搜尋工作是否找到任何線索所致。如果能透過搜尋找到資訊，管理員便會更費勁工作，把心得鎖在你的記憶中。

要形容智能記憶的運作，還可以打另一個比喻，也就是把點串聯成一幅圖畫。圓點可比做資訊或構想，點與點之間的連線即是資訊間的關聯或連結，線條可以連成面，而面可以匯聚成一整個念頭。這整個念頭也許是視覺影像、一樁知識、一個概念，或甚至是解決問題的方案。

資訊片段、其間的關聯性，以及在兩者間運籌帷幄的心智處理過程，通常同步運作，因此看來彷彿是單一認知事件。意念或構想「閃」進腦海時，就是發生這種狀況。你閱讀這些文字的能力就是很好的例子。小時候，在你學會讀書識字之前，紙上文字對你而言恐怕無異於無字天書。你必須學習構成各個生字的線條，認出各組線條排列出來的熟悉圖案。如今在智能記憶中，許多線條融合成單一資訊（即你認識的單字），非但如此，單字的組合也融合成單一資訊——詞彙。假使你閱讀經驗豐富，詞彙的組合就成了負載豐富涵義的資訊：「八十又七年以前」、「月黑風高」、「狗狗吃掉了我的作業」、「支票已寄發」。

資訊與關聯性的各種組合，以及融合兩者的心智處理過程，運作方式就像存在於大腦中的迷你心智（miniature mind）。「迷你心智」擁有獨立而快速思考的能力，通常潛伏在意識表層底下。腦中可以同時啓動許多個迷你心智，藉以監控並制定決策。舉例而言，負責處理閱讀的迷你心智，很快地告訴我們詞彙、句子和一段話的意義。福爾摩斯的迷你心智處理大量資訊，從華生的外表推導出結論。我們的意識一次大概只能處理一個意念；迷你心智則大幅提昇了意識的力量。

心智處理過程將複雜的觀念、構想與技能包裝起來，送入你的智能記憶。請記得，它記得住！每一項新的排列組合，或資訊與關聯性的新包裝，都會讓我們的智能記憶更龐大、更健壯：智能記憶之所以能更龐大，是因爲你的心智軍械庫增添了新的構想；之所以更鞏固，則是因爲原本分離的資訊，如今成了單一而獨特的概念，可以輕易地加以提取。

成爲更優秀的思考家

智能記憶以全自動的方式自行思考，不過，你可以引導它，使它運作更順暢。在腦中塞進大量事實或許有益於一般性記憶，但對智能記憶的幫助有限。提昇智能記憶的最佳之道，在於強化管理智能記憶的心智處理過程，其流程包括集中精神、儲存記憶或資訊、建立連結、找到正確的記憶或資訊，最後測試結果，藉以調整整個系統。

既然智能記憶是在不自覺的情況下進行學習，提昇它不必是一樁費勁的工作——過程也可以很有趣。當人們思路窒礙，或者只能想出平凡無奇的點子時，通常是因爲他們沒有將智能記憶調整到最佳狀態，疏於從事讓智能記憶愈磨愈銳利的心智活動。好的思考者勤於練習心智體操，從不偷懶。好比職業運動員與業餘選手之間的差異；業餘泳客很少思索讓他從游泳池一端游到另一端的特定動作環節，然而職業泳將會在腦中分解游泳姿勢（例如抬手、夾水、划水及扭臀），然後一邊游泳一邊思索如何完成每一個動作。如此一來，將可以加強每一個動作的準確度，讓所有動作一氣呵成。

回顧本章先前描述的諸多案例，你可以看出經過磨練的智能記憶，會不自覺地尋找資訊間的關聯性，例如由遺失的鑰匙，聯想到許久以前藏好的備用鑰匙；智能記憶在街上的閒談中尋找蛛絲馬跡，發現陌生人和你另一半之間的關係；而在雜貨店中，智能記憶則被貨架上的商品所觸發。

正如福爾摩斯所言，他的智能記憶之所以如此敏捷、順暢而正確，全拜練習之賜。提昇智能記憶的第一步，便是更深入理解智能記憶的運作方式，找出它失靈或很可能失靈的地方。下一章，你將有機會體驗一下你自己的智能記憶，測驗看看它究竟有多靈光。

2 檢測你的智能記憶

智能記憶的運作若達到顚峰，它的速度是意識理解力所無法匹敵的。它在思緒與思緒之間跳躍連貫，腦子裡靈光一閃——忍不住高呼「阿哈！」的一刻——即是基於一系列串聯的完成。智能記憶的運作是很難觀察的，因爲它的奔馳是如此飛快、安靜，而它的學習又是如此迅速。你也很難測驗自己的智能記憶；我們將運用一些竅門，讓你一窺智能記憶的堂奧。

竅門之一，就是提出一些希望你從未接觸過的問題，讓你的智能記憶結結巴巴逡巡不前。智能記憶苦思其解之際，也許會減慢速度、使勁思索，盼望這樣的瞬間足以讓你窺探它的運作方式。另一個竅門，是以智能記憶的速度還治其身。我們將提出一些讓你的智能記憶完全停滯不前的問題，然後誘導它猛然轉向，或甚至讓兩條思路互相衝撞。

測驗不必是讓人備感壓力的，事實上，它應該很有趣。它採用的程序，和喜劇演員、漫畫家及好的作家用來激發幽默感的過程殊無二致。羅賓．威廉斯最擅於引導我們的思路，然後加以扭曲，讓思緒彼此激盪。意念和印象互相衝撞，讓人不覺莞爾，我們期望以下某些問題也能達到同樣效果。此外，讓智能記憶裡的意念相互牴觸，還能激發創意構想。想想達利（譯註：Salvador Dali：西班牙畫家，二十世紀超現實主義大師，具有無比豐富想像力）和安迪．沃荷（譯註：Andy Warhol，美國普普藝術大師）的例子。所以，這項測驗若能讓你靈感乍現，也不需要過於驚訝。

有些問題可能看似無解，另一些問題則或許不費吹灰之力。那是因爲某個人的智能記憶可以自動而迅速化解的問題，可能讓另一個人略感困惑，而讓第三人完全不知從何下手。還記得大麥町圖片嗎？有些人怎麼也無法辨識圖中影像。他們或許經歷了西班牙人所說的rompecabeza——照字面解釋，即「教人想破頭的事」。別絕望——每個人都會遭遇教他想破頭的事。雖說如此，很可能對你而言，許多問題的解答都是再明顯不過的了。

這些問題是探測針，讓你知道自己具有或欠缺怎樣的智能記憶。我們將描述每一道問題所揭露的智能記憶層面及其運作方式。即便是最簡單的圖案或笑話，都得仰賴智能記憶進行數十次、或甚至數百次運作。所以針對你遭遇各項問題時，腦子裡究竟發生什麼、或應該發生些什麼，我們只能挑選最顯著的部分加以形容。

我們遴選的問題項目，旨在展現一套共通的心智過程，這套過程是高效能智能記憶所不可或缺的：集中注意力，擴大備忘錄記憶（暫存記憶）容量，儲存記憶，激發連結、尋找記憶，然後調整思維模式。然而，正如你即將發現的，沒有任何問題可以單獨挑出過程中的某一環節進行測驗。舉例而言，要求你集中視覺注意力，而不同時引發大腦在記憶中搜尋資訊進行連結，是不可能辦到的。雖說如此，這些問題將帶給你一個有效的衡量標準，用來判斷自己的長處與短處。請記得，智能記憶仍有許多領域是無法在書中進行測驗的。你或許是一位天生的網球好手、音樂天才、了不起的畫家或才華橫溢的木匠；這些本事大概無法在這裡派上用場，然而，你卻可以運用相同的一般性原則。

爲了讓你評估自己是否善用智能記憶，以及運用的範圍程度，我們爲每一道題設計了一套簡單的計分系統：

A：如果你不假思索，立即得知答案，請圈選A。反應快速無疑是智能記憶發揮作用的表徵；思維的串聯或碰撞在瞬間完成。

B：如果你需要思索幾秒鐘才能得到答案，請圈選B。這種反應速度顯示智能記憶無法迅速提供答案，一般性思維必須在智能記憶進行過濾之際接手主導。

C：什麼啊？你到底在說什麼？不論意識之上或之下，都沒半點頭緒。如果發生這種情況，請圈選C。這道題目需要動用的智能記憶，或許超出你的經驗範圍、興趣或思維風格。

準備好了嗎？

注意力

一、這張圖片有什麼地方引起你的注意？

A立刻解出

B花幾秒鐘

C什麼啊？

你並不知道要在圖片中尋找什麼，但是你的智能記憶會替你引導目光（你是否看見那張快快不樂的臉？）。

集中注意力是至關緊要的，不論對任何記憶而言都是如此。集中注意力與學習爲彼此建立基礎；你的精神愈專注，學習就愈豐富，而你熟悉的事物愈廣泛，智能記憶挑出陌生項目的能力就愈強。過程或許很辛苦，但是智能記憶可以降低其難度，因爲當你的思慮跑到別的地方時，它會幫你注意到特別之處；這是由於智能記憶運用一種習慣性的、下意識的注意力所致。假使你事先在智能記憶中儲存資訊（例如笑臉圖像），那麼它就會自動檢查相符的資訊。在你完成整張圖片的審視之前，那張嘴角下垂的臉就會跳出來印入眼簾。

二、華生和福爾摩斯一起去露營。他們在滿天星斗下搭起帳棚，然後入睡。夜過了一半，福爾摩斯叫醒華生，說道：「抬頭看看星星，告訴我你推演出什麼結論。」

華生對著星空，沉思一分鐘。「我見到數以百萬計的星星，」他回答：「即便其中只有少數行星，即便這些行星中只有少數如同地球，天外必定存有生命。這就是我的結論。」

福爾摩斯駭然地看著他，高呼……

A立刻解出

B花幾秒鐘

C什麼啊？

福爾摩斯脫口而出的是：「華生，你這白痴！我們的帳棚被偷了！」華生的推理不能算錯，只是忽略了顯而易見之處。他的推論看似有理，但他運用的一系列聯想卻和福爾摩斯的大不相同。福爾摩斯從舉目可見滿天星斗，發現帳棚遺失了，而帳棚之所以遺失，一定是被別人偷走了；華生則沒有產生這樣的聯想。

任何資訊——例如看見夜空裡的星星——都能激發許多種合理而有意義的聯想。明智的注意力來自於隨時判斷哪一種聯想最切題，它取決於先前的經驗、專注程度和期望。福爾摩斯關於帳棚被偷的推論，是最有意義、最實際的觀察。華生的觀察略顯不著邊際，那是因爲他急於賣弄，也或許因爲他的醫學背景，使他難以察覺福爾摩斯一眼得見的明顯罪行所致。這故事告訴我們，根據一眼看到的明顯事實進行推論之前，最好三思而後定論。

三、仔細看看這幀素描，你看見人臉了嗎？

A立刻解出

B花幾秒鐘

C什麼啊？

找出躲在圖中的男人與女人，需要動用心智保留靈活選擇的能力，才能注意到各種可能性。要看到他們，你不僅需要將注意力集中在正確的細節上，還要讓你的心靈之眼以各種不同刻度運作。圖中，男人的臉從窗後冒出來，面向右邊（將圖片向右傾斜會比較容易見著）。女人的臉則小得多，隱藏在蕨葉之間。

四、男人是否可以娶其寡妻的姊妹？

A 立刻解出

B 花幾秒鐘

C 什麼啊？

這道題目，用來測試你對文字及涵義的專注程度。要得到正確答案，你必須以謹慎的態度閱讀。快速瀏覽往往會導致錯誤解答，也就是認定男人當然可以娶他過世妻子的姊妹。審慎閱讀之後，你會發現文句指的是他自己的「寡妻」的姊妹，意味著這個男人本身已經過世了。這個問題毫無道理可言。

一般狀況下，我們不需過於注意個別詞彙及其確切意義，大腦會自動理解大多數日常用語的意義。況且，就算我們聽漏了某個特定詞彙或者不了解它的涵義，還有豐富的上下文脈落和贅詞幫助我們理解。不過，當參加考試（例如此處這項測驗），你就必須明辨題目中的措詞了。你必須更專注，提昇你的閱讀注意力，確保文中的一字一句都有其道理。

備忘錄記憶

一、閱讀以下關於歐西亞納的描述，接著回答問題。隨後，你還會遇到另一道關於這個國家的題目。

歐西亞納是一個終年積雪的蕞爾小國，以龐大的麋鹿群和岩石嶙峋的海岸線著稱，最主要的輸出品是皮革製品（尤其是做工精緻的毛皮靴子）及美味的笠螺。該國人民一輩子採集笠螺，常需要彎腰工作。歐西亞納人的背部故而駝得厲害，導致平均身高不及五呎。

- 下列敘述何者最可能爲眞？

歐西亞納人熱愛野餐。

歐西亞納人有很多背部毛病。

歐西亞納人騎術精湛。

歐西亞納人穿毛皮靴子。

A立刻解出

B花幾秒鐘

C什麼啊？

這道題目，用來測驗你的備忘錄記憶（scratch-pad memory）——又稱爲工作記憶或短期記憶。這是我們用來應付基本生活所需的暫時性記憶，它記得一樁樁關鍵資訊，例如你把咖啡杯放到哪裡，或是你剛聽到的電話號碼。暫存記憶的容量不大，一次大約只能容納七組資訊，它持續翻新記憶庫裡的內容，方法是丟掉一些項目以便儲存新的記憶，或者將某些項目移到長期記憶庫裡。雖然一般記憶也需仰賴暫存記憶，不過智能記憶對它的運用更深——智能記憶使用暫存記憶中的資訊進行推論或下結論。

要找出這道問題的最佳答案，你必須記得上文中的若干事實，然後推論出「歐西亞納人穿毛皮靴子」或許是正確性最高的結論。題目中納入關於背部毛病的敘述，目的是刻意進行干擾。所謂干擾，即那些能喚起記憶、產生解答——但不是最佳解答——的文字。

最重要的是，你的解答速度有多快，以及答案是如何推導出來的。如果你能迅速回答問題，表示你從暫存記憶中汲取資訊，運用智能記憶從該資訊推導出結論。非常好！那是最有效率的思考方法。假使你花的時間較長，或者假使你需要回頭閱讀，從敘述中尋找答案，即表示你的暫存記憶能力不足。這不盡然是一大問題，但它確實意味你必須想辦法擴大你的備忘錄記憶，因爲備忘錄記憶在你的多項心智活動中扮演著重要角色。如果你掌握了每一項事實，卻仍覺得無法回答問題，恐怕就需要提昇智能記憶進行推論或判斷結果的能力了。

二、由以下物件任意挑選三項，說明三者間的關聯性。

A立刻解出

B花幾秒鐘

C什麼啊？

這道題目，用來測驗你的智能記憶搜尋連結的能力。正確答案不只一種。物件當中，有三項是綠色的；你看到這樣的關聯性了嗎？也許，你想像一名富有的高爾夫球手，牙齒已搖搖欲墜，藉此將三樣物件串連起來。或者，你想到在移動盆栽、繼而整理薪水袋之後，把灑了一地的沙子和迴紋針掃進畚箕裡（好啦好啦，這樣的聯想用了五樣物件）。你必須自問的重要問題是，你以多快的速度找出關聯性，而這樣的串連有多大的創意？問題的答案，將大量透露你的智能記憶零件是如何運作的訊息。

要找出任三件物品之間的關聯性，智能記憶必須喚起每件物品的各種特性，存放於備忘錄記憶中，然後一邊搜尋各個物件的共通特質。同時，它必須去除只符合兩項物件的特質，因爲你要找的特質必須與三項物件吻合。聽起來似乎工程浩大，但大多數人只需不到一秒的時間。這是因爲處理過程不僅迅速，而且多條不同思路可以同步運轉。

如果這六個影像，原本就儲存在你的備忘錄記憶中，那麼解答的速度將會達到最快。訓練有素的視覺藝術家或許可以輕易做到，因爲對他們而言，這部分的智能記憶原已經過強化。沒有受過此等訓練的人，可能會因爲備忘錄記憶的視覺容量較小而多費思量。

你必須從圖片的各個層面進行聯想。你產生多少種聯想？這些聯想有多直截了當？多匪夷所思？匪夷所思的聯想有可能創意十足，也可能只是很奇怪而已。不過，這不重要，只要你能找到三項物件之間的關聯性即可。然而，如果是你的藝術創作品，就會希望觀眾有辦法體會箇中關聯。

你的聯想有可能自然而然發生，或者刻意搜尋，或者兩者並行。若是自動產生的，答案便自己跳進你的腦海裡。如果得刻意搜尋，你就必須仔細檢查思緒，看看他們是否提供解答，若是有必要重頭來過，就得把原先的思緒送往其他方向。這就是你的記憶處理管理員正在緩慢而審慎地工作中，因爲自動運作的聯想力並未發揮功用。隨著時間發展與反覆練習，記憶處理管理員下回或許能自動產生聯想，交由自動駕駛儀器掌握方向。

三、這道題目跟前一道類似。你能找出具有共通特質的三項物件嗎？

A立刻解出

B花幾秒鐘

C什麼啊？

電梯、汽車和房子都有門而且可以容納人；這是其中一解。或者，你也許看到舉重選手、電梯和汽車升降機的關聯性，這三者都可舉起重物。或者，你也許找到其他關聯性；任何一種都對。

這道問題要求你記住物件、喚起其中關聯性，然後找出那些與其中三者吻合的特質。辨認過程可以是全自動的，也可能需要派你的記憶處理管理員出馬。這道題和上一道不同之處，在於你已經有準備了。智能記憶的每部分都從上個範例學到一些經驗，所以各個環節的運作應該都比上一次更順暢。現在，你會覺得比較容易找到共通點。智能記憶可以經學習而變得更完善，這就是一個絕佳範例。

四、你必須花多長時間才能閱讀和理解以下文句？

A 立刻解出

B 花幾秒鐘

C 什麼啊？

這兒寫的是：「海星若被切割成許多片斷，每一片斷還能再生成爲一整枚海星。」

對於閱讀技巧純熟的讀者而言，特殊字體通常不會構成閱讀障礙，大腦會迅速進行調節以理解不同字體。其中的學習機制，屬於智能記憶的一部分。字體愈罕見，記憶的學習速度（或說調節步伐）愈慢。而當轉譯的速度變慢了，將字義送進備忘錄記憶的速度也會比正常情況緩慢。

備忘錄記憶保留解碼後的每一個文字字義，如此一來，你才有辦法理解整句話的意思。當閱讀速度減慢時，等你讀完整句話，備忘錄記憶或許已因爲時間拉長而衰退了。於是，這句話的閱讀與理解就顯得更加困難。你剛才的經驗是否也是如此？閱讀速度是智能記憶敏銳與否的指標；而你多快能理解整句話——不論句中是否仍有難以辨識的字——則顯示出備忘錄記憶的好與壞。

這個範例，也說明了智能記憶的某一環節如何與其他環節相輔相成。你對字義的理解程度愈高、備忘錄記憶愈強，愈不需要仰賴對每一個文字的辨識；這就是誦讀困難症患者克服閱讀障礙的方式。相對而言，辨識文字的能力愈強，就愈不需要費勁保留備忘錄記憶或猜測文字組合在一起的意義。閱讀能力純熟的人，通常精於以下流程的各個步驟：譯解文字意義、放入備忘錄記憶，然後揣測文本涵義。

想不想看看你的智能記憶剛剛學了些什麼？請閱讀以下文字：

THE UMBRELLA ORIGINATED IN ANCIENT
EGYPT, WHERE MEMBERS OF THE ROYAL
FAMILY AND NOBLES USED IT AS A
SYMBOL OF RANK. ITS USE AS PROTECTION
FROM RAIN CAME MANY YEARS LATER.

這段話以同樣的字體呈現，但現在看來已多了點熟悉感。它說的是：「傘的發明源自於古埃及，當時，埃及王室與達官貴族皆以傘作為身分地位的表徵。其擋雨用途的緣起，則是許多年以後的事了。」這一回，你閱讀這種字體的速度應該會快一些、費的力氣少一些，因為你的智能記憶已學會如何讀它。因此，你理解各個文字的功夫應該更強，也能更直接掌握整段話的意思。

記憶儲存

一、不要回顧先前關於歐西亞納的問題，你能否指出下列哪一段敘述，可能最符合歐西亞納的狀況？

歐西亞納天氣很冷。

歐西亞納人壽命很長。

歐西亞納的麋鹿族群高於人口數。

歐西亞納人性好烹飪。

A 立刻解出　B 花幾秒鐘　C 什麼啊？

最合理的答案是「歐西亞納天氣很冷」，雖然「歐西亞納的麋鹿族群高於人口數」也是有理可循的推論。產生既快速又正確的答案，是智能記憶的重要考驗。由於在關於歐西亞納的描述當中，從未平鋪直敘地指陳這兩個可能的答案，你必須根據歐西亞納終年積雪和擁有龐大麋鹿群的事實進行推論。在此之際，你也必須刪除不正確的選項。文中確實提及「一輩子」，但和其長短無關。而且，那段敘述從未涉及任何關於烹飪的事情。所以說，要回答這道題目，你不僅需要記得關於歐西亞納的描述，還必須根據得到的訊息加以推論。

如果選項是以文中直接描述的內容爲基礎，而你又事先被警告要考試，那麼這道題的主旨就在於測驗一般性記憶。由於未進行事先警告，因此這道題的設計，是用來測試你的智能記憶從之前的題目得到多大學習。

這道題目也可以測試你的串聯能力。或許當你讀到歐西亞納「終年積雪」時，就已經和「寒冷的天氣」牽連在一起。這是一種自然而然的聯想，你的智能記憶會把它儲存在關於歐西亞納的聯想網絡中。若眞是如此，你會不假思索地回答這道題目，因爲答案早已在你的腦中。如果解答所需的聯想還未存在腦中，你就需要以可能的答案，作爲搜索智能記憶的起點。搜索過程可能是全自動的：或許光看到「冷」這個字，就足以觸發關於歐西亞納終年積雪的記憶。其他選項或許只能引發微弱的聯想，或甚至無法激起任何火花。若是如此，你也能夠很快地得到答案。

也有可能，每一個選項都無法勾起你對歐西亞納的記憶。這種情況下，你的記憶處理管理員會出來指引搜尋方向。相對於設法追憶整段話的意思，它可能指引記憶尋找你見到的文字，使得整個搜尋過程如蝸行牛步。你仍可能得到正確答案，但那會是一段費力的過程，智能記憶若是更投入的話，就不需如此彈精竭慮。

二、你看得懂這句話嗎？

Hough dou peapel rede gnew wirds?

A 立刻解出

B 花幾秒鐘

C 什麼啊？

這道題目迫使你重新設定智能記憶的閱讀流程。雖然句中字母以及字母的組合並不陌生，但產生的「文字」則否。你無法在腦中字典查出字義，所以非讀出聲音不可。這可不容易。你的智能記憶必須針對每一個字，找出每一個字母或字母組合的發音方式；它必須忽略謬誤而雜蕪之處（例如「gnew」中的「g」不發音，「hough」則可能有多種讀法）。智能記憶找出每一個「字」的發音方式之後，你就能聆聽其讀音，意會這句話的涵義。

認知轉譯程序（perception-translation process）是智能記憶最擅長的強項，它也善於在你不知不覺中，同步平行處理多重此類程序。

要明白這句話的意思（「How do people read new words?」，即「人們如何讀生字？」），你必須改變你的閱讀及記憶方式。高閱讀技巧的人通常閱讀文字的字義，而非在腦中「聆聽」文字的讀音。這是最快速的閱讀方法。在你剛開始學習讀書識字時，你可以理解朗讀出聲音的文字，但紙上的一筆一劃就有待破解了。最開始，人們或許教你透過發出字母的聲音（例如「B」

的發音爲「bee」）來破解單字的意義。你聽見自己發聲，藉此理解其字義。你或許也發現英文字的拼法與讀音之間，並不是非常忠實的關係（請試著讀出「yacht」的發音）。此外，自言自語的閱讀方式是很緩慢的，況且，書上的許多文字，往往很少在生活中聽到。因此，多年訓練之後，你學會直接閱讀符號的意義。如此一來，不論英文或中文，高閱讀技巧的讀者學會各種聯貫法則和竅門，然後迅速而輕易（而且通常下意識地）執行這些閱讀技巧。

將「文字—字義」的直接連結，重新設定爲「讀音—字義」的連結，是記憶處理管理員的責任。乍然閱讀這道題目時，你或許察覺腦中的記憶處理管理員略受挫折。你的管理員花多長時間調整閱讀方式？你能夠發出這些「字」的讀音嗎？你多久之後豁然頓悟？凡此種種，反映出智能記憶不同部位的運作。但是不論一開始情況多糟，智能記憶必然會從練習中得到進步。

三、「休士頓是有著加爾各答天氣的洛杉磯。」（莫莉・伊文斯）

A 立刻解出

B 花幾秒鐘

C 什麼啊？

要體會這個比喻的妙處，你必須啓動儲存於腦中的各種記憶。你得挖掘關於各城市的記憶

——洛杉磯幅員遼闊、朝氣蓬勃，以電影工業聞名於世；加爾各答則是個人擠人的城市，燠熱而潮濕。活在蒸汽浴般的氣候裡，任何城市的魅力都會消失殆盡。休士頓若真是如此，那確實是好壞參半的地方。如果知道莫莉·伊文斯是德州人，或許更能增添其中的幽默。

現在暖身完畢，你應該更能欣賞以下的類似描述：

亞利桑那州鳳凰城：「美麗荒漠中的醜陋綠洲。」（愛德華·艾比）

華盛頓特區：「一座擁有南方效率與北方魅力的城市（譯註：一般刻板印象中，皆認為美國的工業北方較有效率，而古老守舊的南方則魅力十足，甘迺迪此語，不啻對華府的一大抨擊）。」（約翰·甘迺迪）

四、考慮以下事實：

史蒂芬是大四學生。

史蒂芬十五歲進入大學就讀。

史蒂芬收到十五份工作聘書。

• 你會如何形容史蒂芬的總平均分數？

不及格
及格
中等
優等
特優

A立刻解出

B花幾秒鐘

C什麼啊？

要得到最可能的答案（史蒂芬的總平均分數特優），你必須儲存史蒂芬的基本資料，然後將資料與關於大學、成績以及找工作等記憶串聯起來，最後引申出結論。你必須汲取的記憶，包括對平均成績的認識、明白以十五歲之齡進入大學是非常年輕的，以及知道十五份聘書是極不尋常的數字。你必須串聯這些記憶，找出其中共同點，由此得知史蒂芬天資聰穎，因此或許贏得了特優的成績。

連結

一、你看見了什麼？

A立刻解出

B花幾秒鐘

C什麼啊？

的確，你最可能看見的手，以及手掌中握著的蘋果，都不在此圖片中。這隻「手」只是一群連結在一起的形狀，而「蘋果」幾乎是一片空白。你的智能記憶在圖形之間進行串聯，因而創造了手與蘋果。你之前注視大麥町圖片時，大概已經體驗過類似感受。圖形辨識（亦即在熟悉的形狀之間——更廣泛地說，在概念之間——進行連結），是智能記憶最有價值、最多用途的特質。如果這項能力失靈，構想之間就無法產生聯繫、網絡無從建立，而記憶的啓動將永遠無法發生。

二、你在這裡看見了什麼？

A立刻解出

B花幾秒鐘

C什麼啊？

如果你在瞬間同時認出大象及那條後腿，你的智能記憶不僅產生一連串高明的連結，還進行了評判式的明辨。然而，智能記憶若無法提出解答，過程的延宕便會向記憶處理管理員拉警報。於是，記憶處理管理員開始引導你的視線，找出讓智能記憶困擾的地方。更精密地審視，會讓你看到那隻人腿。這是智能記憶的部分環節與記憶處理管理員之間的典型互動。當你試圖解決問題產生答案時，智能記憶通常負責打頭陣，倘若它不負使命，你可能甚至沒有察覺它的功績，因爲你已經朝下一道題目進擊了。如果智能記憶鎩羽而歸，記憶處理管理員就會被喚醒，拉著一般記憶一起尋找解答。

三、**「政客若試圖站在路中央，就會被兩邊來車給撞到。」**

A立刻解出　B花幾秒鐘　C什麼啊?

這句格言的理解，有賴於層層的串聯。在此，聯想力將政治立場（左傾、右傾或中立）與道路方向串聯起來，運用比喻點出中立的危險性——中立者可能受到兩邊夾擊，而選定立場的人只需擔心另一邊的攻擊。理解這句政治俏皮話時，智能記憶運用的運作機制，和理解上述關於休士頓、鳳凰城及華府特區評論所運用的機制大致雷同。

四、找出下列字串中最突兀的詞彙：摩天樓，大教堂，廟宇，禱告。

A立刻解出

B花幾秒鐘

C什麼啊？

「摩天樓」、「大教堂」和「廟宇」都是建築物，如果你的心智進行建築上的連結，「禱告」就成了最突兀的詞彙。然而，有些人進行宗教上的連結，斷定「摩天樓」和其他詞彙合不來（若從字串尾端往前倒推，最能領會此種聯想）。不同的答案源自於不同的串聯方式，顯示智能記憶在連結上的差異，可以導致各種分歧的思維。當你在智能記憶中注入新的回憶與關聯性，記憶與關聯之間的可能組合便呈指數型上升，因此隨著你在記憶中儲存知識與經驗，智能記憶的力量將隨之暴增。

五、以下哪一組詞彙配對錯誤？

悲喜交集
乾冰
苦雪

A立刻解出　B花幾秒鐘　C什麼啊？

許多概念是多數人無法串聯在一起的，這道題目的答案——「苦雪」（bitter snow）——便是其中一例。「悲喜交集」（bittersweet）和「乾冰」也曾是前後矛盾的概念，但我們如今已學會將這些詞彙串聯成一個概念。智能記憶所能學習的新組合是沒有極限的。正如你學會「悲喜交集」的意境，假使酸雨問題日形嚴重，有朝一日，「苦雪」一詞或許也會產生意義。

六、以下插畫要求你透視一幅正常的影像，進而推導出創意概念。你能解釋此處呈現的觀念嗎？提示：此插畫取自一則刊登於某男性雜誌的廣告。

A 立刻解出

B 花幾秒鐘

C 什麼啊？

此插畫擦撞出的聯想——與雪橇犬、雪，以及拉雪橇有關——確實極不尋常，足以激發出具有創意的構想：人們一般讓狗拉雪橇，因此，圖中這位拉著雪橇玩的仁兄，必定體力充沛高人一等。你得知道許多事情，才能找出其中關聯性，進而對箇中幽默心領神會。如果你立即掌握這幅圖片的精髓，即表示你善於尋找關聯性，也懂得欣賞其中的矛盾之處，而此矛盾正是這幅插圖令人莞爾的力量所在。

七、你能說出這張圖片意欲傳達的象徵意義嗎？

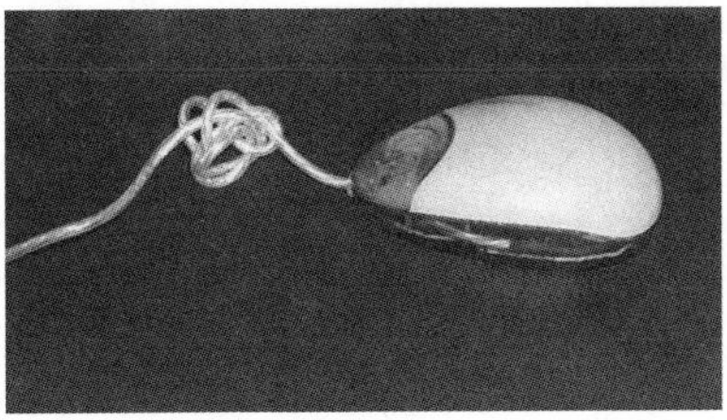

這道題同樣也需要跳躍式的創意思考。它比上一張圖片略爲複雜，因爲它闡述的是心理上的概念而非有形概念，因此需要跳得更遠。思考的跳躍，部分來自滑鼠本身，另一部份則來自糾結成一團而非平平整整的滑鼠纜線。顯而易見地，這張圖片無言地傳達出電腦問題。

問題解決

一、你以多快速度理解下列詞彙或語句的意義？

- neurotica（神經情色）
- lipshtick（巧言花招）
- 「唯平庸之輩恆處最佳狀態。」
- 「茹素者可以食用動物餅乾嗎？」

A立刻解出

B花幾秒鐘

C什麼啊？

這些生字和語句激盪出許多複雜意念。要理解它們、體會箇中幽默，你的智能記憶必須迅速找到幾樁特殊資訊（尤其是特殊觀念），明白這些資訊如何交融。作爲書名，「神經情色」（Neurotica）與「巧言花招」（Lipshtick）註定讓人會心而笑。「Neurotica」的幽默，來自「neurotic」（神經質的）與「erotica」（情色藝術）兩字引發的記憶衝擊（或可用來描述伍迪・艾倫的性經驗。）「Lipshtick」拼法形似「lipstick」（口紅），刻意用來引起讀者聯想「lip」所隱含的「花言巧語」之義（例如「Don't give me any lip」〔別對我開空頭支票了〕）以及「shtick」——意第緒語，意指某種表演節目或花招；《Lipshtick》是一位猶太裔女性喜劇表演者的著作。

關於平庸之輩的論述，乃用來測驗你的文法記憶，以及針對「最佳」之比較等級（佳—較佳—最佳）與「平庸」（這是個絕對性的措詞，如同「獨特」，皆無程度可言）之字義的記憶。關於素食者的陳述，則涉及你對素食者可接受與不可接受之食物的認識、你孩提時代對動物餅乾的狂熱（還記得你覺得它們看來和動物何其相像？），以及你跟極端虔誠的信徒交往的經驗。這段陳述迫使你將這些記憶結合起來，進而揣測堅定的素食者是否會將其信仰延伸到荒謬的地步。

二、里約熱內盧現在的氣溫大約多高？

A 立刻解出　B 花幾秒鐘　C 什麼啊？

如果你知道確切答案，根本不需要推算，那麼，這道題就不是測驗我們企圖刺激的智能記憶的好題目。此處對於智能記憶的挑戰，在於提出聰明的猜測。如果你猜測的答案八九不離十，即表示智能記憶潛入你關於地理位置與全球氣溫模式的記憶中進行探究。你必須知道里約熱內盧位於南半球，如果你目前身處北半球，那麼兩邊的季節是顛倒的。接下來，你必須汲取關於目前確切溫度的記憶（你早上或許從收音機上聽到今天的溫度報告），然後約略計算相對氣溫。答案雖然無法十分準確，但是對多數情況而言，應該已經夠接近了（察看報紙的全球氣溫欄或電視氣象頻道，看看你的答案準確度多高）。這道題目啟動了大量記憶。

三、一名小鎮男子「married」二十位不同的女人（A man married twenty different women），她們目前全都在世。他從未離婚，也沒有觸犯任何法律。他是如何辦到的？

A 立刻解出　B 花幾秒鐘　C 什麼啊？

要理解這道看似無解的難題，關鍵在於記得「married」這個字不只一種意義。無法悟出其中道理的人，只擷取了這個字較常見的字義。他們的思維著眼於「結婚」這個意念，但是「to marry」也可以指神職人員或公務員的證婚行爲。題目中若提到同時「marry」一百人，這層字義或許比較容易浮現腦海，可是我們刻意製造模稜兩可的效果。你的智能記憶一旦找到正確的字義，這道題便迎刃而解：這名男子必然是位牧師或法官。

四、你可否看出墨漬呈現的圖形？速度多快？

A 立刻解出

B 花幾秒鐘

C 什麼啊？

這個圖形，並非我們預期從墨漬圖案聯想到的心理幻像。給個提示：朝地理方向思考。你是否看見墨西哥灣，其中佛羅里達州位於右上方，墨西哥及中美洲則蜷伏其下？

你必須拿這幅影像和你的地理記憶進行比對。這或許有點困難，因爲比起一般地圖描繪的墨西哥灣區，這幅圖的角度稍微朝逆時鐘方向旋轉。所以，你的智能記憶必須嘗試多種不同的旋轉角度，直到找到可以進行比對的正確圖像。點明此圖像涉及地理位置的提示，或許有助於你的搜尋。智能記憶有辦法在浩瀚資訊中尋找頭緒，但若透過線索縮小搜尋範圍，它將能更快、更輕鬆地找到正確資訊。

五、照順序由上往下看，你在哪一提示看到一個可辨識的物件？

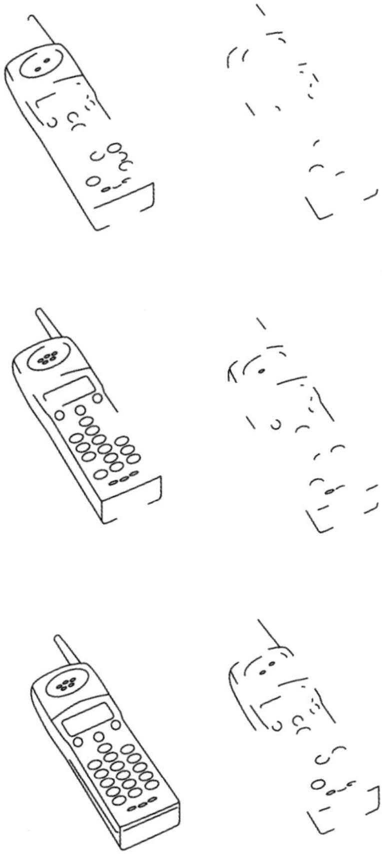

A立刻解出

B花幾秒鐘

C什麼啊？

如果你在最後三個圖形之前就看到一隻電話，那是你的智能記憶迅速連接直線與曲線，並且將線條產生的大塊圖形和心智圖像進行比對，發現圖形與無線電話吻合所致。此過程與辨識大麥町圖像雷同，只除了我們在此設計各種不同難度——一開始幾乎毫無視覺提示——藉此一探讀者能力高下。

六、這則漫畫一圖雙關，你知道它企圖影射什麼嗎？

A立刻解出

B花幾秒鐘

C什麼啊？

答案是「Shuffle off to Buffalo」（往水牛城前行）。如果你不得其解，或許答案並不存在於你的閱歷中。它是一首家喻戶曉的老歌，出自一九三〇年代的音樂劇（這齣音樂劇〔第四十二街〕屢屢重新搬上舞台，年紀不太大的人都可以知道這齣戲）。如果你確實知道答案，那麼你的智能記憶必須足夠鬆弛，才能發現歌名與漫畫標題（「Shovel off two buffalo」，剷光兩頭野牛身上的雪）的發音類似性。你也得具備足夠的諷刺感，才能玩味其中的雙關性，倘若知道水牛城是個多雪的城市，也許有助於理解。你可以借助智能記憶理解雙關語，但不見得會因其中的笑料而發出一笑。一般而言，雙關語和文字遊戲的趣味，來自於它們需要從迥異的知識領域提取記憶，而這也正是其中魅力的一部份。

心智錯誤

一、有人帶來一枚狀況奇佳的古硬幣，硬幣上銘刻著「西元前五四七年」。

- 這可能是一枚希臘時代或羅馬時代的硬幣嗎？

A立刻解出　B花幾秒鐘　C什麼啊？

這道題目是個陷阱，它要求你重新檢驗你的最初假設。許多人很可能忽略了「西元前」（基督誕生之前）這項銘刻所象徵的蘊涵；此紀元稱號只能用於歷史的後見之明，當年絕不可能使用如此稱號，因爲誰會在基督誕生之前預見此一事件呢？一旦檢驗出思維的謬誤假設，答案便呼之欲出：這枚硬幣既非來自希臘時代，也不是羅馬時代的古物——它是個贗品。

二、莎拉單身，三十餘歲，是一名銀行副總裁。閒暇之餘，她喜歡參加關於女性議題的演講。

- 在以下敘述中，何者較可能爲眞？

莎拉是一位副總裁。

莎拉是一位副總裁，同時也是個女性主義者。

A 立刻解出　　B 花幾秒鐘　　C 什麼啊？

在此，我們需要探索你選擇的答案以及導出結論的速度。人們多半相信莎拉既是副總裁，也是位女性主義者。他們錯了。如果他們迅速提出這項答案，那麼問題是出在智能記憶中的自動邏輯。如果是深思熟慮後的結論，就得歸咎於他們的意識邏輯。兩種情況都是有救的，運用機率邏輯，將能提昇你的智能記憶目前遵循的推理方式。

莎拉的副總裁身分是一項事實——是我們已被告知的事實。所以，「莎拉是一位副總裁」的敘述，正確性高達百分之百。

莎拉或許是位女性主義者，我們無從得知其可能性有多高，但我們確實知道自己沒有十足的把握。兩句話合起來的眞實性，不可能高於眞實性較低的那句話。由於我們無法百分之百確定莎拉是個女性主義者，那麼她同時是副總裁和女性主義者的可能性，必然低於百分之百。這就是第一段敘述——「莎拉是一位副總裁」——之所以爲正確答案的原因。

根據機率進行推斷，是人們面對的最大挑戰之一。然而，機率無所不在，我們必須懂得如何運用。藉由教會自己此範例中的正確邏輯，你也同時將正確邏輯灌輸於你的智能記憶中。下一次再見到類似問題，自動提出正確解答的可能性將大幅提高。

三、學生接獲如下指令：「想像宇宙某處，存在著一顆和地球一模一樣的星球，目前沒有生物居住。你的任務是設計新物種，在此星球上棲息。不得使用絕跡或現存的地球生物爲藍本。」此外，老師也出示一些具有四隻腳、尾巴和觸鬚的生物範例供學生參考。

• 在以下兩幅素描中，你認爲老師會給予何者較高的創意評價？

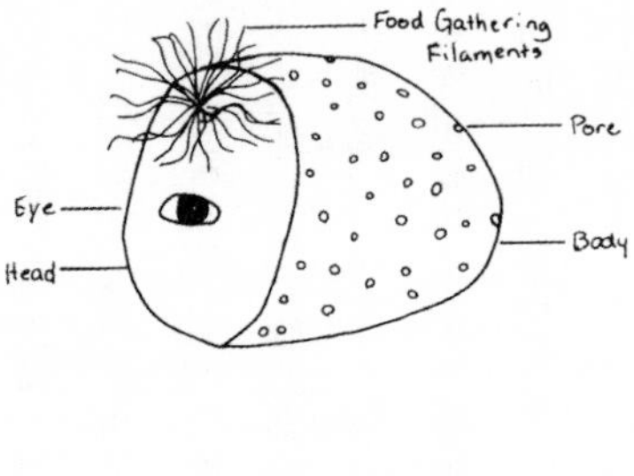

A立刻解出　　B花幾秒鐘　　C什麼啊？

圖下的生物具有較高創意，因爲它與題目提及的範例相似性較低，也較具原創性。描繪圖上生物的學生，以地球生物爲設計基礎。反之，圖下的素描則完全脫離傳統設計。這名學生抽取他認爲任何星球的生物都需要的原件，植入一個異乎尋常的軀幹，以一種異乎尋常的方式組合，因而形成一個獨一無二的連結。

四、以下這個「單字」及其「定義」是否合理？

Bagonized：在機場等候行李從輸送帶出口現身時的心情（譯註：此字為「bag」〔提袋〕與「agonized」〔痛苦的〕之組合）。

A立刻解出

B花幾秒鐘

C什麼啊？

大多數人都嚐過這種滋味。「Bagonized」的有趣之處，在於將五味雜陳的感受消融成一個單字，因而升高了意念的衝擊力量。藉由結合不同的單字與音韻，創造讓人茅塞頓開的頓悟效果。就像猛然揮拳，力道是內聚而非分散的。即使過了那冷不防一擊的勁道，「bagonized」這個字仍會震撼你的智能記憶。原本分離的意象，如今在你的腦中濃縮成一個詞組，使得它更容易提取、在心智中移動位置，並且與其他意念產生連結。

五、字謎（word rebus）是一種語言上的智力遊戲，利用單字與字母的排列隱射更廣闊的意涵。舉例而言，「OHOLENE」意味著「Hole in one」（一杆進洞），因爲「hole」（洞）這個字嵌在「one」（一）裡頭。

• 試著解開這些字謎：

1.SEARCH
AND

2.TIMING
TIM ING

3.WEAR
____
THERMAL

4.____________
READ
____

5. HE'S/ HIMSELF

這些謎題非常難解，你的智能記憶必須辨識、整理、測試許多記憶，才能找到正確的配對。你必須在記憶中搜尋常用的措詞和隱喻，而非搜尋個別單字。你對文字字面意義的記憶，會在你試著尋找答案時產生干擾，使得解謎更形困難。前前後後兜個幾圈，測試各種可能解答之後，你或許能找到謎底。答案分別是「search high and low」（譯註：此字謎將「Search」放在高處〔High〕而將「And」放在低處〔Low〕，故作此解；意思是「遍尋四處」）、「split second timing」（譯註：謎題將第二個〔second〕TIMING〔時機〕切開來〔split〕；意思是「千鈞一髮之際」）、「thermal underwear」（譯註：「thermal」放在「wear」底下〔under〕，故作此解；意思是「保暖內衣」）、「read between the lines」（譯註：「read」置於兩條線〔line〕之間；意思是「讀出字裡行間之意」）以及「he's beside himself」（譯註：「he's」置於「himself」旁；意思是「他情緒失控」）。

你的分數

有趣的部分來了——揭曉你目前運用智能記憶的程度，學習如何強化它。加總你在各小節得到的A（立刻解出）、B（花幾秒鐘）與C（什麼啊），在以下分數表的適當欄位中填入得分總數。

注意力

A立刻解出＿＿＿＿＿

B花幾秒鐘＿＿＿＿＿

C什麼啊？＿＿＿＿＿

備忘錄記憶

A立刻解出＿＿＿＿

B花幾秒鐘＿＿＿＿

C什麼啊？＿＿＿＿

記憶儲存

A立刻解出＿＿＿＿

B花幾秒鐘＿＿＿＿

C什麼啊？＿＿＿＿

連結

A立刻解出＿＿＿＿

B花幾秒鐘＿＿＿＿

C什麼啊？＿＿＿＿

問題解決

A立刻解出＿＿＿＿

B花幾秒鐘＿＿＿＿

C什麼啊？＿＿＿＿

心智錯誤

A立刻解出＿＿＿＿

B花幾秒鐘＿＿＿＿

C什麼啊？＿＿＿＿

檢查你的分數，整體表現及個別領域的分數皆須留意。比較各小節的得分，有益於判斷你擅長於哪些智能記憶領域，而哪些領域又令你備感艱困。這會幫助你在瀏覽本書之際，察覺自己想改進智能記憶的哪些部份。

你其實可以從測驗中得到兩項資訊。你的分數透露你的答題速度；明快的答案（即「A」）取自智能記憶——別無其他部位可以達到此等運作速度。倘若明快的答案爲數不多，表示你的智能記憶尚未得到釋放，或者它有待加強。

第二個檢驗項目，在於你的答題正確性。答案若是錯誤，速度再快也屬枉然。一般而論，越是慢條斯理，思維的正確性往往越高。但假使你迅捷的智能記憶，也具有幾乎等高的正確性，那麼恭喜你了！它擁有高強的認知與串連能力，並擅於在連結中搜尋。假如你不假思索的智能記憶冒出錯誤答案，你就需要察明哪個環節出了差錯。問題出在你的注意力、備忘錄記憶、儲存方式、串聯、記憶搜尋，還是心智微調上？同樣的，回顧你在各領域的成績，本書其餘章節將專注探討如何改善你在各領域的思維。

我們沒有提出明確的評分尺度，因爲它並不存在。在開發智能記憶的整體過程中，各種能力相輔相成，儘管某些能力可以達到較高的開發程度。

不過，不論你的成績高下都不影響這個好消息：正如隱藏在圖中的大麥町形像所示範的，光從試著回答問題、學習正確答案的行動當中，教育智能記憶的過程就已經動了起來。它們已略爲改變你面對問題的思維方式，促使你更審愼閱讀、考慮答案時更具彈性、更信任你的直覺，或在答題之前稍加停頓，三思而後行。以下各章節將分別探索此處所測驗的各項智能記憶思維能力，面對未來的各項頭腦運動，你已經有了一個很好的開始。到了本書卷尾，你將有更充分的準備，不只能應付各項諸如此類的測驗，也能克服眞實生活中的難題與獨特挑戰。

3

提昇你的智能記憶

即使你已具備豐富的智能記憶，而且經常使用它，你還是能學著讓它發揮得更好。有許多方法。首先，你可以創造新的連結；這就是勇於嘗試新事物時所發生的現象。你第一次用鉛筆或手邊任何拆信刀以外的東西拆信，就是在搭建新的串連。你的智能記憶在你需要做的事和你擁有的資源之間，引燃一個全新的連結。

提昇智能記憶的第二種方法，是確保它找到腦中既存且有用的連結。尋找現有的連結，總比創造新的連結更快更方便。第三種方法是修剪錯誤的元素與連結。智能記憶是如此容易吸收經驗，以致於存入許多謬誤的資訊，例如不該產生的串聯，或引人誤入歧途的思維路線。我們腦中都有失之千里的迷你心智，需要徹底剷除肅清。藉由建立良好的全面思考習慣，你也可以協助你的智能記憶推動整套過程。

這整套流程，有幾分類似身體的體能訓練，你必須鍛鍊對的「肌肉」。不過和大多數體能訓練不同，就算只練就單單一條肌肉，都可以是成果豐碩且樂趣無窮的。

提昇你的智能記憶，意味著將你的重心從死記硬背，轉移到更富生產力、甚至更有樂趣的思考模式；摒棄某些慣用的思維，學習新的訣竅來應付艱難處境；擺脫擔心自己丟三落四或遺忘人名的舊包袱，把心智瞄準於解決惱人、甚至棘手的日常問題；讓自己準備就緒，迎接眞正困難的問題和前所未見的挑戰。

如同許多技能，智能記憶機制也須花時間和力氣來取得。然而，若是練習時間夠長、次數夠頻繁，整個練習流程就會愈來愈不費力，到最後就像綁鞋帶一樣自然。一開始，最基本的學習可能就讓人覺得窒礙重重，進度如冰河前行一般緩慢。但假如你慢慢來，從小規模做起，你打下的基礎將會自發性地往上累積。漸漸地，整個流程會愈來愈快、愈來愈容易、愈來愈強勁。隨著時間進展，你的智能記憶將能吸收更大宗的資訊、消化資訊的速度更快、產生更精密的思慮、衍生出更強大的迷你心智。

爲了幫助你瞭解這套流程的內容，並且使它更容易著手，我們將整個流程切割成七道步驟。的確，智能記憶的運作往往是一氣呵成的，但是其中某些層面具有獨特特質，使我們得以加以劃分。其中每一道步驟都有一整章的說明，然後在第十一章，我們將告訴你智能記憶如何整合每一道步驟以應付日常狀況。首先在此簡單介紹各個步驟的內涵。

加強注意力

集中注意力是吸收資訊的首要關鍵。此外，我們的心智也透過注意力來選擇思考內容。注意力分爲兩種：意識的與無意識的。意識性注意力一次只能專注於一件事，不論是世界大事或是腦中的一個念頭。無意識注意力是自動運作的，它同時接收許多刺激，也能同時沿著多條思路思考。你已經認識這種「監視系統」最簡單的形式；它在你尚未清楚察覺之前，便迫使你的意識性注意力專注於某件移動的事物。至於引導福爾摩斯在華生身上看到他需要得到的資訊，則是此系統略高一級的體現。學習改善注意力，將有助於強化記憶。以較強的智能記憶增援你的注意力，將幫助你偵測你需要得知的訊息，不論當你掃視事件現場，或是檢驗自己腦中的意念。

擴展備忘錄記憶

我們的記憶使用一本暫時的「備忘錄」；這是我們最活躍的記憶——存放隨時準備派上用場的意念。它也是存放短暫記憶的地方，例如記得跟櫃檯小姐換兩毛五的零錢，以便向停車計時收費器餵銅板。然而，它是思維的一大限制，因爲大多數人最多只能同時啓動七項意念。就算是最聰明或最訓練有素的人，也無法突破同時啓動九項念頭的極限。我們無法直接克服這道限制，但可以豐富每一項念頭所象徵的意涵。與其在心智皮夾裡放進九張一塊錢鈔票，我們可以放進九張十元大鈔。如此一來，就可以在同一空間裡塞進更多資訊。

儲存更多記憶

如果你把每一樁記憶都當成獨立事件來儲存，那麼它們往往難以提取，而且就算找到一樁記憶，也無法幫你連帶找到另一樁。但假使你以有意義的方式將事實串聯在一起，你就創造一個網路關係，其整體遠比各個成分更堅強。一旦找到單一事實或記憶，就可以跳到另一樁記憶。反之，如果某一項記憶不太牢固，網路中的其他記憶可以幫忙強化它。隨著你擴大串聯網路（其發展態勢呈指數型暴增），智能記憶將能激發更多構想。

激發連結

這道步驟涉及創造新的連結，或者爲那些死氣沉沉或受到阻塞的串聯關係重新注入生機。你可以藉由逼迫智能記憶的自然傾向尋找構想之間的關聯性，進而達到這項目的。

解決問題

所謂「問題」可以從修補破損鈕扣，到複製已逝的寵物，到應付你的親家——形形色色不一而足。一切問題的共通點在於目標；而目標可以像解一道數學題那樣明確，或者如「好好地」渡個假一般模糊。智能記憶之所以能協助解決此類問題，一部分是因爲它具有尋找適當連結的天賦，另一部份則是因爲它可以同時研究多種可能的解答。如果你有困難解決任何一種問題，你的智能記憶或許需要進行整修。

發揮創意

發揮創意（尤其在藝術範疇）和解決問題往往被視爲兩件大相逕庭的事，然而，它們使用智能記憶工具箱的方式卻相差無幾。兩者間最大的差異，在於講求創意的藝術思維通常是開放式的：主要目標是邁入前人未曾踏上的境地。然而，創意思維和問題解決都得仰賴智能記憶尋找新的連結，而這本身就是一件創意工作（你曾經拿綁三明治袋的繩圈取代斷掉的鞋帶嗎？）。雖說如此，對於較高深的創意思維，新連結可以、也應該比解決大多數問題所需的連結更鬆弛、跳得更遠。況且，創意思維也必須以目標爲依歸，即便只是爲了娛樂或美化。就此而言，創意思維與解決問題雷同，只除了它的成功標準可能更具彈性。正如安迪・沃荷所言（並實踐的）：「你能得逞的就是藝術。」

避免心智錯誤

存於智能記憶中的迷你心智，在無意識的狀況下快速運作。然而，它們若是錯誤的，該怎麼辦？如果你有一個相信「1+1=3」的迷你心智該怎麼辦？這並非無稽之談，因爲迷你心智攝取經驗，而經驗可能是錯的。就算你遭到指正，如今有了一個知道「1+1=2」的迷你心智，舊的迷你心智仍然窸窸窣窣低喃著答案。這會減緩你的速度，或致使你提出錯誤解答。解決之道不外乎第一次就弄明白，否則就要盡早在思考過程中重複檢查你的意念或結論，以防悖謬的迷你心智變得根深蒂固。要做到這一點，必須養成慎思的習慣，並且明白意念可能是錯誤的、不可行的或無價值的。透過重複檢查，你將確保智能記憶達到顚峰狀態。同時，你將不只強化既存的心智工具，也將發展一套新的工具幫忙完成其他「工作」。透過重複檢查，你將使這些工具成爲智能記憶的一部分，每次使用都會讓它變得更銳利。

接下來的章節中，我們將深入討論智能記憶的各個層面，並提供練習題目，幫助你提昇記憶。

83　加強注意力

4 加強注意力

這麼多資訊轟炸著我們的感官，這麼龐雜的思緒在我們腦海中翻攪，導致我們發展出自動防護罩，保護自己不被「資訊超載」壓得喘不過氣來。閱讀之際，你是否感覺到自己現在坐著的椅子？你是否見到窗外正在發生的事？你是否聽見周遭的聲音？你八成毫無知覺，這正是基於這些防護罩所致。你的意識注意力不僅是一盞聚光燈，打在你所貫注的事物上，也是一扇門，負責將資訊擋在門外或放行。它過濾你的意念，防止雜念入侵你的主要思路。

然而，這樣的過濾是得付出代價的：你無法記得它擋住的資訊。所以，記憶毛病（不論智能記憶或一般性記憶）最常見的成因之一，就是基於未加注意而造成的資訊排除；你的防護罩讓這些資訊不得其門而入。集中注意力意味在必要時刻專注，並抗拒導致分心的一切事物。藉由集中注意力，你得以凝聚智能記憶的力量，進而同時強化你的意識性注意力（conscious attention）以及自動注意力（automatic attention）濾網。

聚精會神

注意力的凝聚，讓你將全副腦力投注於眼前工作，這是腦系統讓記憶永久保存的一種自然方式。若非透過注意力的集中與記憶的鞏固，一般性記憶將脆弱而短暫。其中的差異懸殊。在一項關於注意力的研究當中，學生接受指示閱讀文章段落，有些人事先得知學校將根據文章內容舉行測驗，其他人則毫不知情。那些未被告知事後將進行測驗的人，記得不到一成的內容，而那些事先得知測驗的人，則記得超過九成的內容。

在許多狀況下，人們幾乎不可能集中注意力。當你初識某個人時，你很難集中注意力，因爲當時往往有太多資訊蜂擁而至。你當下得試著記住此人與諸如「妮娜」或「勞夫」等隨意的標籤、摸清此人跟你的關聯，然後決定你是否應在意他，或看在某位朋友的情面上露出興趣濃厚的模樣。在此同時，你也可能左顧右盼，尋找屋內的其他人，或者心裡想著等會兒要做的事。這一切思緒讓你心中的聚光燈游移不定，離開記住眼前站著的人名叫妮娜的這檔子事。難怪你沒辦法記住……她叫什麼名字來著？坦白說，遺忘是可預期的，因爲你從來就沒有眞正認識妮娜其人其事。

集中注意力的好處，遠超過光記住名字或特定事項。集中精神所使用的神經元能量也會激發聯想、固化記憶，將相關記憶織入記憶網路中，成爲智能記憶的一部分。舉例而言，經介紹認識妮娜並在談話中數度唸出她的名字之後（「我先生談到許多關於你的事，妮娜」），你迫使你的意識性注意力喚醒關於你先生之前談話（「她在地下室裡搭了間暗房」）以及一篇關於知名女性攝影家的文章之記憶，從而靈光乍現，想到她或許知道哪兒可以找到一幅你一直想搜羅的攝影作品。如此一來，日後當你想到攝影方面的事情時，「妮娜」這個名字就有機會閃進你的腦海中。

人們通常因爲被催促、無聊或分心而不專注，他們覺得自己沒有時間。然而，如果需要記住的事情至關緊要，漫不經心才是浪費時間。醫學院出了名的要求學生記住大量關於人體的無趣且無關聯的事實。好比說，一般性記憶大量運用的腦部部位稱爲海馬回（hippocampus），其名稱由來是因爲它狀似神話中的海馬（前半段像馬〔hippos〕，後半段像魚）。現在，想像一下記住上千條此類拉丁學名組合以及它們的意義與部位，會是什麼滋味。

當我還就讀醫學院，試著將這些事實生吞活剝地塞進記憶中時，我的成績不如預期理想。

然而我的室友不僅讀書時間比我短，考試成績也超出我許多。我最後吞下自尊，求教他的祕訣，他說他不想花超過必要的時間讀書，因此強迫自己聚精會神。藉由將全副注意力投注在必須學習的功課上，日後才能以空閒時間犒賞自己。這套方法在他身上非常靈驗，待我運用相同的策略之後，也爲我帶來豐碩成果。

熟悉有助於記憶

如果你能從曾經見過或聽過的事物中，找到跟你試著記住的新素材吻合的部分，就能更輕易地集中精神。要注意一件原本在你腦海某處就存有類似資訊的事物，的確比較容易些。

專家能迅速而透徹地吸收資訊，因爲他們在新資訊與原已具備的相關記憶之間找到聯繫點。任何領域的專家──西洋棋、橋牌、舞蹈、打字、音樂、運動或蒐集酒標──都已培養出純熟而敏銳的注意力，與直覺相去無幾。

一九七三年的一場著名實驗，針對西洋棋大師與新手進行研究，突顯出專家注意力的能耐。棋盤上擺了二十四顆棋，棋子的佈局，彷彿某場棋賽正走到了一半。兩方棋手各花五秒鐘凝視棋局，然後被要求依照記憶重建每顆棋子的確切位置。此外，實驗者也要求大師與新手注視另一盤隨意擺放二十四顆棋子的棋局。對於任意擺放的棋局，專家和新手的記憶程度不分軒輊，然而當棋局擺設與實際棋賽相仿時，專家記憶即遠勝過新手記憶。專家記得十六顆棋子的確切位置，而新手只能記得其中四顆。

兩方的差異，歸諸於專家透過他們原已非常熟悉的佈局模式記住棋子位置。資歷較淺的新手，腦中則沒有這些「參考」模式可以提供協助。然而在任意擺放的棋局上，關於佈局模式的記憶幫不上忙，透露出專家天生的記憶能力並未比一般人高強。

魂不守舍

許多記憶問題的根源不在於健忘，而在於注意力不集中。由於不專心或偶爾心不在焉，你只能記住事情的部分環節。事實上，你現在很可能就走神兒了，說不定一邊閱讀一邊想著晚餐該煮些什麼。人人都有魂不守舍或精神渙散的時候；疲倦、飢餓、睡意，對我們的專注能力尤具殺傷效果。有些人甚至整天都魂不守舍。

做白日夢或許很有趣，通常比你眼前的事好玩多了。假使你是位藝術家，讓思緒神遊九霄雲外或許是工作的一部分。然而對多數人而言，這是浪費時間，因爲我們未盡應盡的職責或記下應記的事項，於是就得重頭再來，否則事情沒有做對的一天。

我們的思緒比我們想像中更容易神遊。芝加哥高中的學生提供了一個範例。有一門課是專爲資優的高年級生開設的，負責的老師因爲講課生動而深受學生歡迎。那天的課程內容關於中國歷史，描述成吉思汗大軍如何穿越中國西部，擊潰沿長城駐紮的敵軍，然後繼續揮師北上攻佔燕京。課堂其間，講台上一隻攜帶型呼叫器每隔一會兒就發出嗶嗶聲，此時，老師便要求學生寫下他們當下在想些什麼。

學生們的心神壓根兒不在課堂上。班上二十七名學生當中，只有兩名學生的念頭還可以跟中國扯得上邊。大多數學生心裡想著午餐、週末、男朋友或女朋友，以及體育活動。至於那兩名想著中國的學生，一人回想上星期和家人在中國餐館享用的大餐，另一人則百思不得其解，中國男人爲什麼要紮髮辮。四十分鐘的課堂裡，被記下或學習的中國歷史寥寥無幾。

這種狀況在大專院校內也不陌生。如今，許多講堂都配置了網際網路連線設施，教授可以查探學生究竟在複習筆記或者留連其他網站。在一受訪班級中，逾半數學生馳心旁騖。

當從事一成不變的例行事務（即那些已做過千百遍、認定自己閉著眼睛都可以完成的工作），更容易分心失神。執行這些活動時，除非時時檢查自己的注意力，否則習慣成自然，不用多久，我們的心智又要開小差了。飛行員每趟飛行前檢驗各項儀器功能，皆須注意自己專注與否。儘管他演練這套流程已不下多次，但仍有條有理地避免自己落入習慣，凝神執行每一道步驟。

粗心可能害我們惹上大麻煩。內行的駕駛人——好比賽車手——透過先見、練習與經驗，練就遭遇緊急狀況時的反射動作，所以即便沒有出於意識地投入注意力，這些緊急狀況迷你心智會在察覺需要時，頃刻進入作戰狀態。熟練的駕駛人可以在一瞬間做出讓車子側滑的決策，儘管這樣的動作完全違反直覺。然而，駕駛技術稍差的大眾，不具備這些特殊迷你心智。遇到緊急狀況時，我們不純熟的迷你心智指示我們拉回打滑的車子，反而使情況變得更糟。聚精會神和深思熟慮可以推翻不純熟的迷你心智，提醒我們以更好的方式應付緊急事件。

注意力瓶頸

就算全神貫注也無法克服先天的根本限制：意識性注意力一次只能應付一件事；任何時刻，心智的聚光燈下只能保存一個意念。雖然我們似乎可以同時處理許多事情，但其實只是在它們之間穿梭罷了。我們將一件事情簡短地放在聚光燈下，然後換下一件，輪流不斷，直到第一項意念又回到腦中。電腦的運作，也不是眞正的多工處理，只是因爲速度太快而看似如此罷了。我們的大腦裝置大概比電腦慢個一億倍，而我們「一次一件事」的注意力又更慢吞吞了。一邊講電話一邊做物理作業的女學生，或許以爲自己可以一面聆聽姊妹淘的疑難，一面計算公式，但在任何一刻中，其中一項活動其實被推到次要地位，等候輪到它的機會。

多工處理會引發兩項成本。其一是直接成本：簡單地說，任何一串意識能取得的心智時間相形較少。另外是間接成本：推開一個意念、拾起另一個意念是需要時間的，轉換過程中的一丁點遺忘，便會耗損整個意念。聽了電話號碼後幾碼數字就忘了前面的人，可以體會如此健忘的痛苦。我們在多工處理時，每一串意念分得的注意力，遠比我們自以爲的少得多。如果你同時處理兩件事，兩件事各分得的腦力，都不到整體腦力的一半。

腦部氧氣耗用量的相關研究，爲此提出戲劇化的證明。二〇〇一年，卡內基美隆大學的科學家研究一個人同時處理兩件複雜工作時，腦能量（以氧氣衡量）會出現怎樣的變化。他們首先吩咐受試者聆聽複雜文句，例如「金字塔乃墓葬之地，也是古文明七大奇蹟之一」，然後判斷這段話是對或是錯。科學家在受試者聆聽與應答之際，利用功能性核磁共振造影技術掃描受試者腦部。其腦部不同部位出現光影，顯示出神經細胞活動。

接下來，科學家出示兩兩成對的三維圖像給受試者看，要求他們在腦中旋轉圖像，判斷每對圖像是否相符，同時掃描受試者腦部。這項活動激化的腦部部位，和語言理解測試激化的部位截然不同。然而兩項任務的困難度不相上下，耗用的氧氣量大致相當。

最後，學生同時旋轉三維圖像並聆聽複雜的文句段落。掃描結果並未顯示腦部耗用雙倍於單一任務的能量；消耗量反而遠低於此。因此，切割注意力無法讓大腦更奮力運轉，只會分散投注於各項任務的腦力罷了。

切割注意力也會消耗投注於鞏固記憶的時間與力氣。在不同專注點之間游移的人，思維與記憶跟那些因年紀、酒精或睡眠不足而受損的人一樣糟。一邊開車一邊使用行動電話時，多工處理的危險性尤其顯著。問題根源不在於行動電話本身，而在於駕駛人在他應專心開車時分心講話，還要斟酌自己的措詞。數年前，在社會大眾尚未警覺不專心開車的危險性以前，我和一位知名的認知科學家共乘一輛車。他再三道歉，但拒絕在開車之際與我交談；他太明白聊天對他的開車能力會造成多大的損耗。

某些活動不需要高度的心智監督，或者說，就算有什麼差池，也不會釀成嚴重後果。你可以一邊煮飯一邊講電話，只要你不介意偶爾煮得太老了即可。況且，以新鮮事打破無聊的例行工作，有助於讓心思停留在整件差事上。但多工處理會提高出紕漏的機會，你的注意力可能無法及時回到正題上。所以，同時展開多項任務之前，先反躬自問：要是出了差錯，如此多工進行真的划得來嗎？如果只是烤焦吐司，或許還值得；若是出了車禍，恐怕得不償失了。

當然，沒有人打算戒掉多工處理或分散注意力。所以最實際的做法，是判斷哪個任務需要較高的專注力，並接受在次要任務上不盡完美的表現。同樣的，明白轉移注意力是一件費力氣的事，而且會減低你所運用的整體腦力，也有所助益。多工處理比專心一志更費精神，有鑑於此，你投注於多工處理的時間，可能無法像專心做一件事情那般持久。

人們應付某一件事的經驗愈豐富（例如開車），就能愈輕易地負荷另一項心智工作。你會發現，在只需低腦力的熟悉任務之間移轉，比穿梭於新奇的工作之間有效率。有些專家建議設定特定任務的時限，然後利用鬧鐘提醒自己轉換另一項任務。如果你一邊在線上整理電子郵件，一邊拿紙筆書寫一份備忘錄，你或許可以將計時器設定爲每隔幾分鐘響一次，藉此幫助你移轉注意力。太空人傑瑞・林能格爾（Jerry Linenger）在和平號太空站執勤時，任務繁重，他身上攜著三四只設定不同鬧鈴時間的錶，提醒他在各項任務之間切換。

自動注意力

在意識性注意力的既定限制之下，我們很幸運地擁有另一套更完整的注意力：自動注意力。自動注意力監督著持續轟炸我們的景觀、聲音、觸感、氣味、口味及各種內在感受，它是智能記憶的一部份，在意識察覺之前便以驚人的速度運作。遠在你察覺自己的動作，發現廚房長螞蟻之前，自動化注意力便指揮你的視線朝向地板上移動的小黑點。它監視我們週遭的一切，也監視我們的意念。自動化注意力完全不花腦力；它是個完備而獨立的附屬系統，爲我們的意念與記憶服務。

我們大體上對自動注意力提供的訊息毫無所察；它所伴隨的意念一般是淺薄而粗略的，而它所產生的記憶則往往如浮光掠影——猶如短片中的橋段或新聞插播那般浮泛。此類注意力可以在未提供細節或填補空缺的情況下，傳遞一股熟悉感或了悟感。一些若有似無的感覺，像是預感、直覺或朦朦朧朧的恐懼感，往往源自於此。雖然自動注意力的付出幾乎了無痕跡，但它不停地默默運作，隨時留神可能對我們產生重大意義的事件。至於它如何判斷事件的重要性，就取決於我們的智能記憶了。

老練的駕駛人幾乎凡事倚賴自動化注意力；他不假思索地在停止標誌前止步、避開坑洞、做出一切必要的細微修正以維持車行。我們剛學習開車上路時，可以敏銳地察覺專心做這一切動作所費的腦力，以及如此警覺竟然還左支右絀手忙腳亂。我們不知如何同時間應付路上坑洞、滾到街上的球、行人穿越道上的孩童、停止標誌和其他駕駛人。這是因爲我們尚未形成能產生自動化注意力的智能記憶，因此陷於自己那經常被一切任務壓得喘不過氣的意識性注意力。

然而，一遍遍留心駕駛信號之後，記憶開始固化、迷你心智逐漸發展，而無意識的自動化注意力著手主掌大局。你的心智一旦學會安全駕駛所需的種種，你投注於駕駛的注意力，便可大體從意識性注意力移交給自動化注意力。老經驗的駕駛人將開車的瑣碎任務交由自動化注意力及智能記憶處理，後者自有應付一般狀況的全盤計劃。舉例而言，自動化注意力負責例行的駕駛雜務，並通知你前方閃過一隻貓。意識性注意力緊接著接管局面，它先透過後照鏡檢查後方來車是否緊貼車尾，然後才允許你的智能記憶猛踩煞車。你的心智並非完全進入自動狀態——它仍預備迎接突如其來的狀況，並凝神觀察，確保凡事平安無差錯。這就是不專心開車之所以如此危險的原因。

我們可以訓練自動化注意力接管各式各樣的任務。有些人不必多加思索就可以打字；有些人不必考慮各項動作就可以操作計算機。熟悉路況的行人不必多費神，就可以毫無罣礙地穿梭在緩慢移動的車陣中。當我們任由自動化注意力指引時，也不斷在增強智能記憶，後者進而提高了我們的效率。技術純熟的駕駛人遷居明尼蘇達州之後，學習在黑冰（譯註：black ice；夜晚氣溫驟降，使路面露水結成一層薄冰，由於清澈不可辨，透著柏油路面的黑色，故稱爲黑冰，是駕駛人的隱形殺手）上開車，即取得一組新的記憶，使他一生的駕駛技術更加精進。隨著你成爲某一行的專家之際，你的記憶變得益發聰明。福爾摩斯初識華生時就對他做出迅速評價，即展現了受智能記憶推動的自動化注意力之典型。此範例雖爲虛構情節，但其過程正是每一位專家所學得的。

幾年以前，我們的朋友瑪莎打算買輛二手車，心中屬意一輛紅色的斜背式雙門小轎車。這是她第一次踏入二手車世界探險，心知自己可能忽略了一些重要細節，因而邀請她的朋友丹（一位業餘賽車手）幫忙驗車。丹開始進行檢驗，方法與瑪莎之前的檢驗無異：檢查里程表、仔細察看引擎的磨損現象、鑽到底盤下尋找車體整修的蛛絲馬跡。不過，丹的偵查手法可比瑪莎深入許多。他檢查油門和煞車踏板，看看輪胎表皮狀況是否與里程表上的里程數吻合。瑪莎的自動注意力只搜尋到座椅布套的狀況而已，而丹則在墊子和地毯上徹底搜查，找到了一些玻璃碎屑。他解釋，這些碎屑來自於一面破裂的窗，意味著這輛車曾出過車禍；因此，她必須留意車上任何劣等的修復工作。

丹受過良好訓練的無意識注意力，讓他對心智掃描器抓到的一鱗半爪保持警覺。他並未刻意搜索，之所以見到這些枝節末葉，乃是他的知識與經驗已訓練他的目光尋找它們所致。這些玻璃碎屑也是瑪莎「目力能及」的，但她的注意力未嘗對焦在它們及其重要性身上。既然找到玻璃片，丹就更專注於尋找其他撞擊毀損的痕跡了。由於丹的二手車閱歷豐富，他的智能記憶充塞著許多重要案例，在他下一次檢查舊車時，或許能派得上用場。

自動化注意力具有長足的進步空間；美國海軍陸戰隊狙擊手的整訓過程就是一例。在歷時三月的狙擊學校中，海陸作戰隊員學習觀察微末的細節，銘刻於記憶中。他們學會不只注意到一只廢棄錫罐，還要聯想它可能蘊含的意義——它透露出敵軍的糧食補給狀況，或敵方士氣與軍力的梗概。訓練從意識階層開始，但這份技巧最終將在潛意識和自動化注意力裡根深蒂固。

狙擊學校的講師經常玩一個叫做「記下來，狙擊手」的遊戲，玩法是在房間地板散置十件物品，然後岔開學員的注意力（其實是對他們大吼大叫）。學生應在遊戲過程中凝神專注，但並沒有特定的注意目標。接著，學生會被吩咐去上課或跑步，幾小時後，或甚至隔天以後，再受命畫出地板上的各個物件，並敘述其功能、尺寸、形狀、顏色及狀況；十個裡面對了八個才算及格。至於另一項操練，則是稍微改變學生所處的週遭環境——走廊上懸掛的相片中，可能有一張與另一張對調了位置——學生將被詢及注意到什麼變化。磨練之下，觀察力與注意力逐漸根植於學生腦中，其運作已成無意識的自發性行爲。這些海軍陸戰隊員不論身處何處，都會自動啓動他們的無意識注意力。

自動注意力的培養，不見得是件乏味的工作。讀者試著從漫畫家阿爾．赫斯菲爾德（Al Hirschfeld）在《紐約時報》刊載的漫畫中尋找「妮娜」這個隱藏的名字時（妮娜是他的女兒），莫不感到樂趣橫生。據說，美國空軍也利用搜尋「妮娜」，鍛鍊飛行員辨認目標的眼力。

海陸狙擊手必須隨時張大法眼，凡事保持警覺，因爲——尤其在陌生環境中——他們不知道何者重要、何者不重要。他們的注意力進入高度警戒，直到徹底觀察了情勢爲止。不過，比較常見的學習之一，是學著辨認你可能忽略的部分。我們的心智不可能涉入周遭的每一件事；我們必須有所選擇，而智能記憶負責提醒我們何者爲重。舉例而言，試著閱讀以下段落：

許多食品成本過高。假使農地地價未曾如此高昂，食品成本即可降低。此外，拖拉機及其他工具亦所費不貲。政府官員也應降低農產品賦稅，在此類產品課征重稅，為所有人帶來了損失。

你是否記得這段話的要義？或許吧，因爲理解文義是多數人的閱讀宗旨。但你是否發現這段話通篇未出現「的」一字？你八成沒留意，因爲這種事並不重要，而且大多數時候，你是對的。

分辨何者該仔細觀察、何者不妨忽略，是透過反覆練習、從錯誤中摸索，然後指揮我們的意識性注意力緊握日後或許有用的影像、聲音記憶而習得的。你若讀到一段透著蹊蹺的文章，你的警覺心或許會被喚醒，要你找出其中玄機，因而注意到文中古怪之處。舉例來說，你注意到以下字串有什麼稀奇古怪的地方嗎？

***T**he*
***R**ed*
***I**mpala*
***C**an*
***K**ick*
***Y**ou*

你或許覺得這個字串透露著怪誕的意象（譯註：整句話的意思是「紅色高角羚會踢人」），也發現每個字的頭一個字母串起來就成了「TRICKY」（詭計多端）一字。假使你是個間諜，正在學暗號，這或許是一種重要的注意力形式。否則，你只是稍微提高注意力的敏銳度，心知你偵測到的其實無關宏旨。

同樣的，我們學會注意重要事項。廚子注意麵糰中的奶油溫度是否夠低，因爲這攸關派皮是否酥脆；修車工人聆聽車子發動的聲音，因爲這攸關他是否需要檢查火星塞；心理醫師觀察病人的肢體語言，因爲這告訴他病人是否心存憤怒。人人都有一套自動化的注意力掃描器，用來偵測特定項目。透過努力與練習，你可以延伸你的注意力技巧（包括自發性及意識性注意力），以便爲你的智能記憶創造一副敏銳的眼睛與耳朵。

「雞尾酒會效應」爲所有部位的合作無間提供一個範例。想像自己站在滿室交頭接耳的人群中，一陣陣對話聲侵入你的耳中。你正和眼前的人交談。儘管談得起勁，但是你的雙耳仍能拾起房間裡的其他聲音，尤其是那些熟悉的字眼，像是你最支持的棒球隊隊名，或是某人提到你的名字。你雖然一心專注於交談的對象，試著將你打算記住的事情存在心裡，但你的無意識注意力仍掃射房間，尋找與熟稔的記憶相符的聲音。這些聲音一旦入耳，你就會試著多瞭解一點，因而加速轉動心智迴路，努力將聲音來源的房間一隅和相關話題消化吸收。

練習

這些練習讓你在閱讀圖文之際，操練你的意識性注意力與自發性注意力。你所注意或忽略的，顯示出你在文字或視覺注意力上的強項。當然，你還具備其他形式的注意力，例如負責肢體動作或嗅覺的注意力，但本書無法針對它們進行演練。閱讀解答說明之前，請務必做完練習、回答問題。

一、你在這幀照片中看見了誰？

說明：右側中央偏下處，坐著約翰·甘迺迪。這道題目旨在鍛鍊你的自發性注意力；它在你不知不覺中，迅速地掃描熟悉面孔。

二、**閱讀以下這段話，然後蓋住它並回答問題：**

「請接受我的辭樹，我不想加入會接授我為會員的俱樂部。」（語出格羅克·馬克思）

- 你發現這段引言的任何錯誤嗎？

說明：其中有兩個錯別字，「辭樹」應作「辭謝」，「接授」應作「接受」。這道題目既鍛鍊你的閱讀注意力，也強化你從不相關資訊中挑出重點的能力。你被要求在閱讀後遮蓋引言段落，因而被迫回憶細節，並區分各項細節的重要性。

三、**閱讀以下段落，然後蓋住它並回答問題：**

你是一位公車司機，車上總共能容納七十二名乘客（共有三十六張座椅，每張椅子能坐兩個人）。起站有七個人上車；第二站，三人下車、五人上車；下一站，四人下車、兩人上車；接下來兩站中，各有三名乘客下車、兩名乘客上車；再下一站，又有五人下車、七人上車。公車行駛到倒數第二站時，有兩人上車、五人下車。

- 這輛公車總共停了幾站？
- 公車司機叫什麼名字？

說明：這道題目同樣要求你區分相關與不相關細節。要得到正確答案，你需要揚棄刻意混淆視聽的數目字，回想文章一開頭，明明白白地指出公車司機就是「你」。

四、花五秒鐘閱讀以下字串，然後蓋住書本，照你的印象一五一十地寫下它們。

巴黎的
的春天

一生
只有
有一回

一鳥在
在手

說明：每一段話都有一字重複。你如果沒看到，就表示你不經思索地閱讀。你見到這些句子，覺得很熟悉，心思便神遊到別的地方去。

五、你在這張圖中注意到什麼？

說明：你看到那隻可愛的小狗，但你是否也注意到左方那隻大狗的雙腿？刻度的落差和你的期望——你預期一隻狗有四條腿——或許讓你誤以爲大狗的腿是另一雙人腿。你的心智或許在發現錯誤並重新細看之後才恍然大悟。這道練習要求你監督雙眼接收的訊息，確保沒有遺漏任何細節。

六、閱讀以下段落，然後回答問題：

藉由確保流程計劃之發展與整合的一致性，你將促使各項管理流程發展出其執掌流程的整合計劃。你也將負責營運計劃之模擬，以及規劃方法與流程效能評估法的推廣。身為整合規劃師，你的職位將居於人事、規劃、執行和評估矩陣的樞紐。

- 以上描述的職務爲何？

說明：這是一則刊登於網際網路的徵才啓事，不過我們不清楚這究竟是怎樣的工作。如果你是少數看得懂這則廣告的人士，你很可能是一位動機強烈的讀者。唯有高涉入的讀者，例如撰寫這篇文案的人，或是從上司文件中瞥見這則啓事的職員，才會花心思破解它的涵義。

七、這幀照片什麼地方讓你印象深刻？

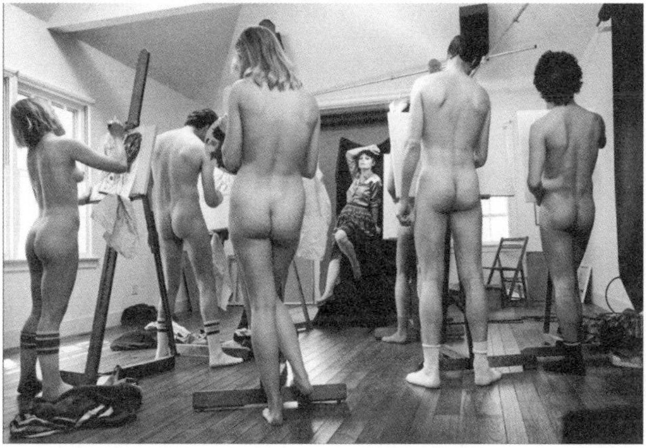

說明：我們大概知道是什麼吸引了你的目光，但應該還有另一個焦點：照片中的模特兒（雖然學生的襪子更叫某些人分心）。我們對藝術模特兒的期望——她應該是畫室中裸體的人——和這幅景象之間的對照，讓這幀照片橫生趣味。

八、注視以下隨意擱置的字母，瀏覽之際，在三十秒內畫一條線把「T」串聯起來，串聯的數量愈多愈好。

說明：這道題目中有二十個「T」。你為了找到它們，或許讓你的注意力和視力在圖片上迅速移動，只留下足夠時間判斷每一個字母是否吻合你的尋找目標。當你發現可能配對成功時，便仔細地停駐查看。直到此時，你的注意力濾網才著手判斷所見的是否為「T」。如果你心中略有個譜，知道自己在找什麼，那麼掃描——先大致判斷，再聚焦進行精密區分——便是一種有效的注意力運用方法。

九、閱讀以下段落，紀錄下你的反應：

幾秒後，一個溫柔滑嫩的聲音接起電話，我把心裡的念頭告訴了她。「我明白你能幫我安排一小時的愉快對話，」我說。

「當然，親愛的，你有什麼想法？」

「我想談談梅爾維爾。」

「白鯨記還是其他短篇小說？」

「有什麼差別嗎？」

「價錢囉，如此而已。象徵主義要額外收費。」

「怎麼算？」

「五十塊，白鯨記大概要一百塊。你要不要做比較式的討論——梅爾維爾和霍桑？一百塊錢就可以辦到。」

「價碼合理，」我這麼對她說，並給了她廣場飯店的房間號碼。

「你要金髮的還是褐髮的？」

「給我個驚喜吧，」我說，然後掛了電話。剛過一個鐘頭後，門上傳來敲門聲。

「嗨，我是雪莉。」

他們的確知道如何滿足我的幻想——直瀉的長髮、皮製的提包、銀耳環、脂粉未施。她燃起一根香煙，立刻切入重點。「我想我們可以拿《比利·巴德》為切入點，那是梅爾維爾對上帝弄人的辯解，n'est-ce pas（不是嗎）？」

「有趣，不過從密爾頓的觀點來看卻非如此。」我在虛張聲勢，想看看她是否會落入圈套。

說明：以上引言摘自伍迪·艾倫的短篇小說《門薩蕩婦》（*The Whore of Mensa*），它可能從多重角度刺激著你的閱讀注意力。如果你略有文學細胞，你的注意力會被「付費式英國文學」

這個觀念挑起，而居然有人索價一百塊錢討論梅爾維爾，也讓你絕倒。另一個有趣的焦點，也就是文中的性交易暗示，取代了文學對談的氣氛。不論什麼因素激起你的興趣，都是你的智能記憶擦撞的火花使然。

注意力是智能記憶成形過程中的第一步，接下來，概念與印象必須加以包裝——或者說組織，然後儲存於長期記憶中。智能記憶有賴於一個深沉且永久的記憶寶庫，而建造這樣一個寶庫，需要仰賴許多儲存策略；你將在下一章學到。

5 擴展備忘錄記憶

你的備忘錄記憶有多強？

黑漆漆的屋子裡傳來一陣劇烈聲響，鮑伯必須放大膽闖入屋內一探究竟。他害怕極了：傳說這間屋子鬧鬼。假使能有一根棍子保護自己，他會覺得安全些，於是，他到他的棒球器材中，找看看有什麼合用的。他發現一隻bat，非常巨大、顏色棕黑，在陰暗的房間裡飛來飛去。現在，他再也不需要害怕了。

工作記憶（working memory）——又稱爲備忘錄記憶——是理解這則故事不可或缺的關鍵要

角。這則故事略顯突兀，因爲它刻意將棒球棍（baseball bat）的意象放入你的工作記憶，然後畫面猛地變成一個「顏色棕黑⋯飛來飛去」的東西（譯註：即蝙蝠，bat）。你的工作記憶一時還停在棒球棍的意象，怔了半晌才修正過來。

工作記憶是介於注意力和長期記憶之間的中間階段。它是暫存的備忘錄，一切記憶存入腦海之前，都得先在這兒接受管理——你的心智組織整理資訊之際，記憶便暫存於此。沒先經過備忘錄記憶這一關，任何資訊——包括一般記憶以及塑造智能記憶的種種記憶——都無法在你的永久性記憶登堂入室。

這項記憶功能之所以又名「工作」記憶，正因爲它是記憶做工的地方。這兒是你存放所見所聞的前半部，以便理解後半部的地方。它是你的利可貼便條紙，在你決定事情是否有保留的必要之前，至少先幫你記住一會兒。它是你心裡盤算著到五金行該怎麼走，或者孩子的數學題目該怎麼解最好時，腦子裡作筆記的地方。它的職責是管理可能走進記憶的外界資訊，以及管理從你靜置的記憶儲存空間提取出來、移入焦點的資訊。

如果你能理解本章開頭的故事，表示你有一副容量不小的工作記憶。許多人看不懂這則故事，因爲它在他們的工作記憶裡塞進太多資訊。要領會故事最後的轉折，你必須記住結局之前的一切事實，沒有太多人的工作記憶，擁有足以應付此等訊息的容量。

工作記憶儘管佔據記憶網路的險要地位，卻具有嚴重缺陷。這是本薄薄的備忘錄，你同時能有幾個念頭在腦中跳動、同時能從永久記憶中提取幾份回憶，都受它所限。由於工作記憶設下了重重限制，任何能強化它的努力，對我們的記憶能力——包括智能記憶——都具有深遠影響。我們將在本章說明如何克服備忘錄記憶的極限，使它臣服於智能記憶之下。首先，先針對你的工作記憶再多做幾項測驗。

文字記憶力測驗

閱讀以下各項句子，然後蓋住它們。

那位青果商人賣很多蘋果跟柳橙。

該名水手已數度環繞世界。

這房子擁有大扇窗户和厚實雄偉的紅木大門。

書店老闆穿過房間，面露怒色，把手稿甩到椅子上。

蓋好句子之後，試著回想每一句話的最後一個字。如果你記得住每一句話的最後一字（如柳橙、世界等），即表示你擁有傑出的文字工作記憶。這是衡量你的閱讀理解能力的好指標。在這項測驗上成績出色的大學學生，也擅於閱讀理解。比起文字工作記憶容量不大的學生，這些人理解複雜文句段落的速度更快、正確度更高。

數字廣度測驗

如果你料想自己的數字記性，強過你對文字的記性，請進行這項數字廣度測驗。最好找別人唸給你聽，不要自己閱讀。這是因爲此處測試的記憶，具有很強的聽覺成分。測驗人應朗讀每一列數字，暫停一會兒，然後請你複誦。測驗人應同時紀錄你答對的數字。

三－四－七：暫停，測驗。

八－一－六－五－七：暫停，測驗。

三－一－六－八－九－二－四－七：暫停，測驗。

五－九－六－三－二－一－七－四－八－六－二－九－三－四：暫停，測驗。

複誦第一列及第二列數字，對你來說應不費吹灰之力，然而隨著數列愈來愈長，你勢必開始覺得力不從心，發現自己聽完了最後一個數字，第一個數字已經從你的腦中消失了。在最長的數列中，你也許記住一開頭及最後幾個數字，但中間的數字是一片空白。十之八九，你最多只能記住七個數字左右。那就是工作記憶的容量。一旦達到極限，你的心智必須趕跑一個數字，才能讓另一個數字進來。

你的一切作爲，皆需要仰賴工作記憶。不論煮咖啡、寫信、計算還缺多少零錢，或者運用電腦解一道題，都得靠工作記憶記住剛完成的項目、計劃下一步該怎麼走。工作記憶是智慧資訊處理的最基本條件，每一台現代化的電腦都少不了它。電腦的記憶備忘錄稱爲隨機存取記憶體，簡稱RAM。RAM存放的資訊處於最活躍的狀態，可以最快速地提取。同樣的，工作記憶將資訊放在心智唾手可得的地方——要找到這些資訊，不須你多費時間和力氣去搜尋心智硬碟。

若非工作記憶的幫忙，就連最簡單的對話也辦不到。備忘錄記憶幫助我們的心智留住文字，直到可以破解它們的意義爲止。當你聽到以下的敘述（分兩種可能的結局），你無法知道說話者的意思，直到你聽見最後幾個字，然後回想句子的開頭：「他邁開大步穿越court，向judge抗議對手違規使用（不合規定的球拍）（未經許可的證據）。」

唯有當你聽到這兩種可能結局的其中之一，才能理解說話者談論的是律師或網球選手（譯註：court可以是球場或法庭，而judge則可以是裁判或法官，讀者須聽完整段話，才能判定這兩個多義字在句中的正確意涵爲何）。你可以做到這一點，是因爲你的備忘錄記憶留存了句首幾個字，讓你可以立刻參考它們的意義。

我們其實擁有許多小型的記憶備忘錄。舉例而言，記住對話時，使用的是聲音（特別是文字）的工作記憶。你或許對視覺影像的備忘錄也不陌生；它讓你記住匆匆一瞥下的印象。這些小型備忘錄皆屬工作記憶系統下的一環，也都具有相同極限。

即便將所有小型備忘錄加總起來，工作記憶仍只能應付有限資訊。正如稍早提過的，大多數人一次只能記住七件事——最少五件、最多九件。此極限是恆常不變的，不論你試圖記住的是文字、數字、影像、聲音、符號或概念。

這其中有壞消息、好消息，還有更好的消息。

首先，壞消息是：工作記憶的極限是每個人、每件事都得面對的。最早發現人類記憶此一特性的心理學家——喬治．米勒（George Miller），審視數十件似乎對記憶要求頗低的研究。好比說，人們受命聆聽聲音，然後盡可能區分各種聲響，或者在嚐了味道之後，分辨各種不同的鹽分濃度。這些無非都是關於記憶的測驗，因爲人們必須記住他們聽過或嚐過的，才能分辨其中的差異。

不論這些發現是關於聲調或味覺的，結果如出一轍。聆聽者可以輕易分辨兩三種聲調，但隨著他們以為自己聽到的聲調愈來愈多，出錯的機率也愈高。最高段的聆聽者，只能正確無誤地聽出六種不同聲調。其他被吩咐分辨音量大小的人，一次最多只能分出五種音量。而品嚐六種鹽水濃度的人，最多只能分辨四種濃度而不出錯。還有些人接受的測試，要求他們在一瞥之下指出自己見到哪些撲克牌。記住的牌數總在七張上下。不論任何國家、任何語言或任何實驗，這樣的極限總是反覆出現。

米勒斷定：「我們具有有限而渺小的容量進行此類單向判斷，而在簡單的感官屬性之間，此容量並未出現巨大變化。」他把此平均容量稱為「神奇數字七」。米勒指出，我們的心智和七特別合拍，這早已不是新鮮事：「世界七大奇觀、七海、七大罪惡、阿特拉斯神的七個女兒、人生七階段、七層煉獄、七原色、音階的七音符、一週七天……」自古以來，人們就跟七這個數字特別有緣。原因之一，或許因為那是我們的心智在任何一瞬間所能掌握的最高限度吧。這就是工作記憶的容量。

較小的工作記憶也有其好處；它迫使我們丟棄不值得保存的記憶。想像一下，假使工作記憶記得每一件匆匆掠過的芝麻小事，你的心智會變成什麼樣子。若不能遺忘，我們將陷於由微不足道的事實與印象堆積的泥濘之中，心智就成了「印象垃圾堆」了。俄羅斯心理學家正是如此形容所羅門・謝雪夫斯基（Solomon Shereshevskii）的心智。謝雪夫斯基記得他曾聽過或見過的所有數字、文字和感官體驗，襁褓時期的記憶，和幾天前才發生的事情一樣歷歷在目。他可以在兩分鐘之內記住五十位數的數字，假使在十五年之後要求他回憶這串數字，仍能完整複誦毫無瑕疵。可以想像，謝雪夫斯基窮其晚年試圖遺忘腦中氾濫成災的無用記憶。

組塊

發現工作記憶極限所引發的好消息是，你可以繞個彎兒迴避極限——方法就是組塊（chunking）。我們無法透過學習，突破平均一次只能保留七件資訊的極限，但我們可以豐富每一件資訊的內容。以金錢打比方——你的皮包能放七個銅板，但這些銅板可以是一分錢，也可以是一塊錢銀幣。你無法一口氣記住七個以上的個位數字，但你可以同時記住七組五位數數字。七個字、七個詞彙、七句話、七個段落、七個章節、七本書。如何辦到？答案是透過組塊。

當我們學習說話或閱讀時，自然而然就會進行組塊。學習一項語言時，我們將語言的一個個小片斷（即聲音）拼湊成較大的片斷。學著閱讀的兒童，首先從認識字母開始，然後逐漸將字母叢組成音節和文字。很快地，七個字的工作記憶變成七句話的記憶，然後經過長期練習，又擴大成七個段落的記憶。我們可以透過組織和叢組，以智取勝七個項目的記憶極限。

匿名S．F．的大學生是最鮮明的例子。研究人員選擇他進行研究，因爲他是個平凡學生，記憶測驗和大學入學考試的表現都不突出。實驗者並不知道，S．F．熱中於越野賽跑，是學校田徑隊中活躍的一份子。實驗一開始，S．F．回想數字串的能力乏善可陳。和實驗中的其他學生一樣，經過五天反覆聆聽和背頌數字之後，他覺得記住八個數字已經是自己的極限了。雖說如此，實驗仍繼續進行。

接著，驚人的事情發生了。他所能記住的數字串開始逐漸加長，而且幅度持續上升。到了實驗第三十九天，S．F．可以背頌一串二十二個數字，到了第八十天，記憶容量提高到大約七十個數字。

S．F．私下發明一套方法記住成組的數字，而非試著個別背頌。利用他在田徑及越野賽跑上的經驗，他將數字串換算成跑步時間。例如，三－四－九－二這串數字在他腦中變成了三：四九．二——接近世界紀錄的一英哩賽跑速度。這四個數字融合成一樁單一資訊，賦予工作記憶容納其他六組數字的空間。到了實驗尾聲，受過兩百五十多個鐘頭的訓練，S·F·已將數字記憶力由原本的八個數字，擴大到超過八十個數字。這項進步並非因爲他加大了工作記憶的容量；他仍然只能記得七或八個物件。S·F·所做的，是將資訊群聚在一起，以便讓更多資訊擠進工作記憶所能容納的七項記憶裡。

人們無不在下意識中進行組塊。我們好久以前就學會這麼做，以致於它感覺就像思維的一部分那樣自然。我們的心智喜歡走捷徑，尤其是可以拼湊在一起，以便更輕易記住的資訊片斷。舉例而言，你也許可以輕易理解並記住這些字串：TV、IBM、TWA（美國環球航空公司）、USSR（蘇聯）。然而，當這些字母以不同方式群組在一起時——IW、BMV、SRU、SATT，你的理解和記憶速度就變得遲緩許多。

數字叢組是我們的家常便飯，我們用各種別具意義的模式將它們歸併起來。電話號碼二一二三四五六很容易記住，因爲它是一組連續號碼。寄物櫃密碼——右九，左十一，右十很容易記住，因爲若將最後兩碼倒過來，就成了舉世轟動的日期（譯註：指二〇〇一年的九一一恐怖攻擊）。也許每個人都有一套獨特的拼湊方法，讓數字組合產生意義、容易記住。S·F·採用的是他個人對賽跑時間的知識，其他常見的連結方法包括生日、知名歷史日期以及一天中的重大時間。

除了爲說話及閱讀而學習叢組之外，我們還學著將文化上的訊息——例如常用符號群聚起來。「一條直線斜穿過紅色圓圈」是單一組塊，意味「此活動是被禁止或違法的」。此外，還有行動或程序組塊：許多人將某些活動視爲單一行爲，例如綁鞋帶或剝橘子皮。

組塊是各行各業的專家似乎知識淵博且記憶驚人的原因之一。不論他們擅於打橋牌、撰寫電腦程式或烹調義大利美食，其專業領域知識都是以龐大的組塊進行保存。舉例而言，假設有個擅長打寶藏撲克（stud poker）的好手，拿到一張方塊九的暗牌，其餘三張面向上的牌分別是紅心八、方塊十和黑桃七，他可以將這手牌視爲單一一樁有意義的資訊——也就是值得下注的牌。剛入門的玩家就得將這手牌想成四張獨立的組塊，因而得絞盡腦汁思索應下多大的賭注。

並非所有組塊都是渾然天成的。有時候，各項資訊之間並不存在明顯的模式，也不具備有涵意的連結。購物單上的各項物品，也許看起來各自獨立、互不相干。成功的組塊往往需要仔細推敲與分析，你必須在記憶中搜尋可以將每一片資訊串聯起來的隱藏特徵。群組資訊的方法有千百種，從視覺圖案（如共同的顏色或形狀）或聽覺模式（如韻腳——這就是韻文容易記住的原因）等外在特質，到模糊難辨的特徵，如歷史的連貫。

組塊若借助備忘錄記憶之力，且幫助你取得能轉變爲智能記憶的知識，恐怕比用來記憶電話號碼或購物清單的組塊，需要花更多心血。這種組塊是用來組織和記憶複雜概念和心智流程的。拆解問題、汲取其中片斷、組合成答案，然後記在心中、運用於日後問題的組塊方式，就是一個很好的例子。

建立嚴謹的組塊

組塊可以分爲「鬆散的」或「嚴謹的」，取決於各個片斷之間的關聯性。在鬆散的組塊中，其間的關係是模糊、或許需要一點想像力的。醫學院學生爲解剖學考試做準備時，將器官名稱的第一個英文字母組成縮寫，藉此記住一長串複雜部位，運用的就是鬆散的組塊。一名醫學院學生採用的組塊是「GET SMASH'D」——急性胰臟炎的成因，也就是Gallstones（膽結石）、Ethanol（酒精）、Trauma（外傷）、Steroids（類固醇）、Mumps（腮腺炎）、Autoimmune（自身免疫）、Scorpion bites（蠍子咬傷）、Hyperlipidemia（高血脂症）及Drugs（藥物）。

藉由字首字母串聯在一起的事物，關係可能很薄弱，因爲一個字的拼法往往和它的意義、作用或其他重要特徵無關。醫學院學生唯有在行醫時反覆使用這些鬆散的組塊，才可能記住組塊涵蓋的資訊。否則，這些資訊便會慢慢褪色。

較佳的記憶方式，是採用更具意義、「更嚴謹」的組塊方法。嚴謹的組塊所涵蓋的資訊，不僅止於外在相關性——還具備功能或重要性上的關聯，例如刷牙必經的步驟。雖然有時需要多費一些心血和注意力才能建立嚴謹的組塊，但此類組塊更容易記住。資訊可能需要經過抽絲剝繭，才能找到共同而有意義的特質。

探索可能模式

你可以從成群的資訊中發現各種形形色色的模式。當然，許多明顯的模式是肉眼立即可見的，例如形狀、顏色、尺寸或質地。模式若能反映出不同資訊間的相對重要性，就比較容易被人記住。棋手記得多種不同的開局走法，並非因爲走法本身雷同，而是因爲它們對棋局的發展影響深遠。在棋賽中，某些開局慣例創造的局勢，就是比別種走法計高一籌。

曾經納悶幹練的服務生如何能在替客人點菜時聆聽一大堆菜名、各種方式的口味調整以及最後一秒的菜色更換，然後神奇地將正確餐點端上桌來，遞給正確的客人嗎？祕訣就是根據模式進行組塊。研究人員研究一群服務生（包括J·C·在內，他因能同時記住二十份完整的晚餐套餐內容而大爲出名），因而發現這個竅門。爲了查明J·C·是如何養成這門絕技的，研究人員在實驗室裡搭了間假餐廳，提供八道可以有五種不同生熟度（三分熟到全熟）的肉食主菜、五種沙拉醬料和三種蔬菜。「餐廳」內有幾張桌子，可以坐二到八個客人。總而言之，J·C·必須記住的訂單組合，一共有超過六百多種可能性。

J·C·和其他服務生分別接受許多位「顧客」的訂單，但J·C·是唯一一個記住所有菜色、一字不差的服務生。他的訣竅就是組塊和貼標籤。相對於試圖記住一連串單獨的訂單，每一份訂單包含一道主菜、一種沙拉醬及一份蔬菜，J·C·的做法是將訂單歸類在一起。他將每一桌客人點的主菜、沙拉醬和蔬菜分別歸類，然後在心裡替每一組菜色貼上標籤或模式。舉例而言，他將肉的熟度以數字取代——一代表三分熟，一直到五代表全熟——然後記住一串數字。如果同桌四位客人分別要求三分、五分、七分和三分的熟度，他將以一—二—四—一」記憶這樣的組塊。他以字母代替各種沙拉醬名稱，藍紋乳酪是「B」、油醋醬是「O」、而千島醬是「T」。四名客人點的若是一份藍紋乳酪、兩份油醋醬、一份千島醬，就成了「B—O—O—T」。

藉由創造一系列對他個人別具意義的模式J·C·將他的工作記憶擴大到至少二十個項目。以下是他可以用來擴展工作記憶容量的其他方法：

- 運用串聯性資訊於指令一類的清單上，例如在一連串行動中，某一步驟的最後一個動作影射出下一個動作。

- 運用視覺模式，例如顏色、質地、尺寸或空間位置。
- 運用字母、文字或數字模式，例如重複的字母、字首、字尾，或總和永遠保持不變的各種數字組合。

有意義的重組

模式無所不在，而有意義的模式是最有用的模式。它們不僅幫助你擴大記憶容量，當你再次碰到類似問題時，也能強化心智的思考能力。

數年以前，一名教師在他十歲兒童的班級中提出一道問題。他指示學生找出一加到一〇〇的數字總和（也就是一＋二＋三＋…＋九八＋九九＋一〇〇）。這名教師原本以爲學生得花好長時間才能找出答案，但一位學生在他還沒來得及完成題目說明之前，就繳交了答案。老師等其他同學計算完畢之後，才一起比較所有答案。只有那名動作最快的學生得到正確答案，因爲他窺見數字加總方式的模式。這些數字可以配對，每一對的和都是一〇一——一＋一〇〇＝一〇一，二＋九九＝一〇一，三＋九八＝一〇一…諸如此類。一到一〇〇之間共有五十對這樣的數字，所以答案就是五〇乘以一〇一，即五〇五〇。

如果你沒發現這樣的模式，別氣餒，這名十歲兒童是數學天才高斯（Carl Frederich Gauss），他是史上最偉大的數學家之一。如今在他指點了方向之後，下回遇到類似問題，記憶會讓我們更輕鬆地解題。一加到九九的總和是多少？你不需要花功夫從頭算起；其總和是你已知的一加到一〇〇之和（五〇五〇）減去多餘的一〇〇，即四九五〇。

尋找模型

有時候，將事情視爲一套程序或機制，會更容易記住。將解題的各項步驟記成一個完整解答，便能在智能記憶中存入「解答組塊」，可以在日後遭遇類似問題時拿出來使用。此種方法大幅強化我們的思維力量，因爲許多問題是一般性的——你一而再地遭遇相同問題，只不過問題的情境和僞裝各有不同罷了。投資問題、距離—速度—時間問題、成本效益問題，以及日常生活動輒遇到的百分比問題。如果你學會洞察隱藏在各種細節下的一般性問題，那麼你不僅能記住問題，也能記住問題的解答。

舉例而言，許多人經常遭遇可以歸類於「沉沒成本」（sunk-cost）這類一般性範疇的問題或決策，以下是一些典型範例：

你花了大錢修理汽車，更換點火系統、煞車皮和避震器，隔一星期後，你發現它還需要一組新的變速箱。在決定是否投資更多錢或乾脆擺脫它的過程中，你將原已投資或沉入其中的成本納入考量。

你持有的一飛沖天公司股份，股價從買進時的二十元跌到每股十元。在決定拋售與否的過程中，你將原本的投資金額納入考量。

不過，以原本投入的金額作爲投資的衡量基礎，是徒勞無益的；考慮其未來價值才是優異許多的做法。如果更換新變速箱能讓你的車子多跑五年，將是一項划算的投資。如果你認爲一飛沖天公司明年將有亮麗的表現，其股票就值得繼續持有。你所投入的金額多寡已無關宏旨——沉沒成本早已付諸流水。

以此方式學習解答，創造出解決問題的迷你心智，時候到了就會跳出來運作。迷你心智的一切動作都經過組塊分類，自動自發地運作。你也許已具備許多解決問題的迷你心智，要使它們發揮最大潛能，你必須將問題大卸八塊，直到達到迷你心智可以應付的規模。倒推法（workbackward）是拆解問題的方式之一；透過理解目標、找出達到目標必經的步驟，進而解決問題。與此密切相關的做法是過程—結果法（means-ends）；相對於朝終極目標努力，你試著解決一連串較小的問題，而經由小問題的整合而解決較大的問題。此外還有爬坡法（hill-climbing）——挑出能讓你更接近答案的步驟，即便這些步驟並非最終的解答。假使進展並不顯著，你就退後一步，投入能讓你更接近最終解答的其他步驟。透過練習及反覆解題的經驗，你可以將每一種方法融合成日後在下意識中運用的單一過程，而非一連串獨立的步驟。

組塊是強化及拓展記憶的有效方法。你將在下一章讀到多種儲存記憶的策略，有助於你隨時隨地提取記憶，尤其是在你需要智能記憶的一刻。

練習

一、這項練習要求你伸展你的備忘錄記憶。閱讀以下段落，蓋住它，然後回答問題。

昨兒個和鮑伯、保羅、羅伯和其餘死黨坐在燒烤酒吧裡，我開始覺得心神不寧。傑克在點唱機裡丟進一枚兩毛五的銅板，機器咆哮著最近流行的一首基督教饒舌歌。我仔細研究這班哥兒們對音樂的反應，頓覺毛骨悚然。尤其讓我不安的，是我最好的朋友臉上的表情。約翰看來深深沉迷於其中，狂亂地隨著節奏敲打桌面。噯，其他少年喜歡的東西，我多半也喜歡。我喜歡金髮女孩、深色捲髮的女孩，事實上，所有女孩都不賴。我喜歡奶昔、足球賽和海灘派對。我喜歡牛仔褲、運動衫和思凱傑球鞋。我並不討厭饒舌歌，只是覺得不應過於大驚小怪。瞧他那樣，全然入神，沉溺於音樂的迷幻之中。

• 誰全然入神地沉溺於音樂迷幻之中？

解答：約翰完全迷醉於音樂之中。如果答對這道題，表示你的備忘錄記憶將段落中的名字和資訊整理成幾份大組塊。組塊不僅是一堆亂糟糟的獨立事實：它是一群相關資訊，像是男孩子們的形象、他們的反應，以及其反應對其他男孩的影響。段落中的特定字眼，例如「基督教饒舌歌」或許激發一個由形象、聯想和詮釋構成的大型組塊。如果你答錯了，恐怕是因爲你不曉得要在工作記憶裡保留哪些資訊。這段敘述並未透露任何線索，告訴你何者爲重。況且，基督教饒舌歌——一種不尋常的音樂——出現在段落中，可能會卡住你的工作記憶，干擾你記住更多資訊的能力。

二、以下方塊由九個不同數字組成，但這九個數字具備一項獨特的一致性：當你加總每列數字時——不論橫向、縱向或對角線——其總和一律爲十五。這項練習旨在設計一套記住數字順序的方式，以便將方塊融合成單一組塊保存於記憶中。數字構成的組塊或許很乏味，而且容易被人遺忘，但是由有趣的資訊構成的組塊將能創造較深刻的記憶，舉例而言，「For nine to free five, seven ate one six」（譯註：這段口訣與「四九二三五，七八一六」諧音，其字面意義是「九若要解放五，七就要吃掉一個六」）。你也可以進行橫向組塊，形成三個日期，每個日期之前額外加上一個一。如此一來，這方塊就變成了一四九二——哥倫布發現北美大陸；一三五七——兒子與先生的年齡；一八一六——數座火山爆發，造成「沒有夏天的一年」。請試著找出其他記憶數字順序的方法。

2	**7**	**6**
9	**5**	**1**
4	**3**	**8**

三、這道練習列出各色各樣的物品，其中大多出現兩次，但某些物品只出現一次。請花四分鐘瀏覽圖案，然後找出只出現一次的物件。不要一邊瀏覽一邊紀錄答案，反之，將圖案保留在你的工作記憶中，直到看完爲止，然後再寫下來，以便檢查答案。

解答：只出現一次的物品爲雞、腳踏車、帆船、鞋與房子。辨認並記住單一物件——尤其當你刻意將出現兩次的物品摒除於記憶中——是讓工作記憶做伸展操的好方法。

四、一般性記憶僅在備忘錄記憶中儲存個別資訊，而智能記憶則讓備忘錄記憶中的物件形成組塊，因而擴大了它的容量。智能記憶的做法，是幫助你在物件之間尋找有意義的連結，藉此讓你牢記物件。當面臨一群重要資訊時，例如必須牢記的數字或日期，這種組塊方法極其有效。如果你記不住此類生活資訊，請利用以下範例激勵自己，開始爲你的重要資訊進行群組。

個人識別號碼：轉換成某重要誕辰的月與日。

電腦密碼：一位朋友採用孩提時代的寵物名字，每當登入電腦時，便想像每隻寵物環繞腳邊的情景。

社會安全號碼：這三組號碼可以被記成時間加日期、一筆金額、一連串重量或尺度，或者記成四個人的年齡（譯註：美國社會安全號碼共有九碼，一般切成三組號碼紀錄，即XXX-XX-XXXX）。另一種可能方式是根據數字的固有模式進行群組——例如數字恰好有連續性、加總之後彼此相等，或者某一組數字是另一組數字倒過來的順序。

複雜程序：你的貓需要定期注射疫苗，你偶爾必須親自動手施打。獸醫交代你以下指令：在貓後頸的皮膚上捏出一個凹口，插入針筒，與貓背保持平行。你也許可以想像以下影像，藉此記住整套流程：「搭個帳棚——從開口走入」。

組合密碼鎖：組合密碼可以化為韻律詩，例如右八、左二十二、右三便可透過這樣的口訣記住：「eight is two, two late to be free」（譯註：口訣中的「late」及「free」分別與「left」（左）及「three」（3）諧音）。

五、以下是由三十六個各含一種圖形的方格組成的矩陣，有些圖形出現一次以上。瀏覽每一列方格，在各圖形首次出現的地方做記號。當你注視各方格時，你必須判斷之前是否看過相同圖形（試著不要往前回顧）。花一分鐘瀏覽整個矩陣，看看你是否能正確標出各圖形首次出現的地方。

解答：這項任務迫使你的智能記憶用力延展，程度比其他練習更深。這是因爲每一列均含有九種圖形，比一般記憶容量多出兩個項目。再者，某幾列包含未出現於其他各列的圖形。你很難以視覺方式進行群組，但語言標籤或許有所助益。假如替各個圖形取名，可能覺得容易些：旗子、埃舍爾式的圖形（譯註：M.C. Escher，一八九八—一九七二，荷蘭畫家，其作品融合藝術與縝密的科學，擅長以幾何轉換創造出幻覺般的幾何構圖）、棋盤、球、點。

6 儲存更多記憶

未經儲存，就無法記憶。這使得儲存成了快速、廣泛的智能記憶，以及好的一般性記憶不可或缺的必要條件。對一般性記憶而言，記住各項獨立事實就可以過關了。智能記憶則較爲複雜，因爲它要求每一項記憶都以有條不紊的方式儲存。智能記憶的良莠不僅取決於我們儲存的資訊量，也取決於資訊在記憶中的整理方式。有條有理的智能記憶，能讓我們進行跳躍式的連結，紊亂的記憶則是思維的障礙，讓我們的思緒像無頭蒼蠅般亂竄，以致於陷入死胡同。

確保記憶儲存得井然有序，有三大關鍵。第一，你必須擁有適當的組織或存檔系統。第二，取得記憶或心得的方式，必須讓新舊記憶之間產生最佳且最多連結。第三，你必須調整學習步調，確保記憶之間的連結牢牢地安頓於腦海中。連結形成之初是很脆弱的，一次塞進太多訊息，可能讓它們一時不知所措。調整學習步調，確保你的學習對智能記憶而言是最有效、最具生產力的。

無限空間

我們可以記住大量事實——或許不如電腦記憶那樣龐大，或者那樣乾淨俐落，但也稱得上爲數不少了。在一項關於記憶容量的測驗中，測驗者向學生出示二五六〇張不同的臉孔幻燈片，每張臉只在螢幕上停留十秒鐘。整個觀看幻燈片的過程，全長大約七個鐘頭，分七天完成。看完最後一張幻燈片的一小時後，學生接受由另一組二五六〇張幻燈片進行的測驗。每張幻燈片上都有一對臉孔，其中之一是先前看過的面孔。學生被要求在兩張臉當中，挑出他們曾見過的那張臉。儘管任務艱巨，多數學生的正確率仍高達八十五%到九十五%。

記憶停留的時間，也比我們所想像的更長久。高中時代上過西班牙語課的成人，五十年後仍能記得某些西班牙語彙，也能約略閱讀西班牙文。即使你以爲自己只是爲了應付考試而將歷史日期或法文詞彙生吞活剝，某些記憶仍然留存了下來。

你也曾毫不費心思地取得各式各樣的記憶；你吸收了社會行爲規範，甚至把報紙訊息歸入心中檔案。此訊息進入永久記憶的方式，跟你刻意記住某些事實的方式相差無幾。正如我們所見證的，以這種方式「不經意地」學習，其效率遠不及直接集中你的注意力。然而透過反覆接觸，你的腦海幾乎能逐漸吸收你所接觸的每一件事。像這樣終身吸收資訊，正是記憶與智能記憶的部分力量泉源。

讓智能記憶甚至比電腦記憶更廣泛、更強大的，是它的組織方式。智能記憶並非儲存在獨立的桶槽中；它們彼此之間有多重聯繫，因此能夠以多種方式進行查詢。舉例而言，試著回答以下問題：巴黎位於哪個國家？你知道「購物商場」的意義嗎？用來切割食物的餐具是什麼？美國每隔多久舉辦一次總統大選？和別人初次見面時，你應該怎麼做？這個句子有什麼錯誤：「擲出男孩一顆球」？空氣的主要元素是什麼？鯊魚有腳嗎？某些答案可能立即從記憶中湧現（巴黎地屬法國這項事實，很可能是其中之一）。但也許從來沒有人明確地告訴你鯊魚沒有腳，所以這不是存於記憶中的事實。然而，你或許可以立即回答鯊魚沒有腳，速度跟回答巴黎在法國一樣快，或甚至更快。電腦沒法跟你一樣，答案得來全不費工夫。原因即在於你的智能記憶，以及智能記憶的組織方式。「鯊魚」這個詞彙，和你腦中那幅沒有腳的鯊魚圖像連接在一起。或者，「鯊魚」這個詞彙可能跟「魚類」相連，而你早就知道魚類沒有腳。無論如何，你很可能在意識心靈察覺你所運用的推理過程之前，就脫口回答「沒有腳」。那就是智能記憶發揮了效力。

你可以迅速回答數不盡的類似問題。想想你所知的一切：語言、社會風俗、世界大事、地理、人類和動物，更遑論你的私人知識，例如家中小狗的品種，或者雇主的報帳程序。這一切資訊，象徵著你那幾乎無窮盡的記憶儲存容量。同等重要的是，它證明了記憶一旦經過儲存，你便有辦法尋獲它們、靈活運用。

靈活正是關鍵所在。因爲靈活，你可以用跟當初儲存資訊時截然不同的角度觀想你腦中的資訊。鯊魚和樹木有什麼共通點？（兩者皆生物，這是其中一例。）因爲靈活，你可以採近似值搜尋記憶：你認識哪個人的行徑有如鯊魚一般？哪些狗品種和哈巴狗類似？

若要發揮此等效力，你儲存於記憶中的資訊，必須儲存在適當的地點。所謂適當地點，意指腦中一塊合宜的處所，它和資訊恰好相符，使得資訊可以不費力地被提取，而且與其他資訊清楚地銜接起來。就像在檔案櫃中儲存一份備忘錄一樣；你研究櫃子上的標籤，考慮如何將文件歸檔：依寄件人姓名？依書寫日期？依內容主題？還是依標題欄分類？你明白現在選擇的標籤，將決定你明年是否能找到它。如果你必須百分之百地確定，自己無論如何都能再度找到它，你就會將備忘錄複印幾份，存入每個想得到的地方。就某方面而言，智能記憶的做法也是如此，只是效率更高而已。智能記憶將備忘錄上的名字放在某處，日期放在別處，主題又放在另一處，同時將它們串聯在一起。雖然它在你腦中看似一份備忘錄，事實上被切成好幾塊，藉由連結點而串聯起來。

熟悉的範疇

如果能將記憶跟既有的回憶與範疇銜接起來，而不是從頭創造新的記憶領域，強化記憶力的工作將會容易些。每一範疇就像一個特殊的儲存桶；有些桶子造型獨特，有些桶子裡面還裝了桶子。你那造型獨特的桶子就是你個人的專門領域，假使你是攝影師，也許有一個叫做「照相機鏡頭」的範疇；假使你是愛貓人，也許有一個叫做「貓科疾病」的範疇。因此，記住與記憶中其他項目類似的事情，比記住全然陌生的事情簡單一些。當新資訊欠缺相關資料，或是可以歸屬的既有脈絡（即欠缺記憶桶槽），心智便會爲了理解它而苦苦掙扎，因而遺忘或誤解了某些細部資料。舉個例子，閱讀以下段落，想想看它意指什麼：

程序其實相當簡單。首先，根據事物的構成分門別類，當然，一疊或許就夠了，端視有多少份量而定。如果你因為欠缺儀器而必須到其他地方，接下來的步驟就是動身出發；

否則，你大概就準備妥當了。凡事別做過頭，這很重要。也就是說，同時間寧可做得太少，也不要做得太多。短時間內，這或許看似無關緊要，但是做太多很容易產生後遺症，錯誤的代價也可能十分高昂。適當機械裝置的操作應該是不言可喻的，無須在此贅述。一開始，整體程序看似複雜，但是不用多久，它會變成不過是生活的另一層面罷了。很難預測這項任務會在短期未來內喪失其必要性，可是事情是很難說的。

這段話包含幾項指令，你記住了多少？由於欠缺賦予它們意義的範疇或脈絡，你大概記得不多。你腦中的印象，不過是一群模稜兩可的指示。但假使這段話的標題爲「洗衣服」，再回頭看，道理就很淺顯了。原先一堆雜亂無望的指令，如今各有其意義。「洗衣服」這個範疇讓你爲每一道指示賦予背景脈絡，並且與你所知的程序銜接起來。

當然，比起熟悉的事物，記住全新的知識需要花更多時間和腦力。以下是運用這項策略儲存資訊的一些範例：

- 你在研讀會計學，學習簿記的基本常識，包括借方永遠輸入左邊欄位，而貸方永遠輸入右邊欄位的規則。由於你才剛入門，腦中目前存放會計學資訊的儲存桶可能還很小。

但假使你平時常開車，你腦中有一個關於靠馬路右側行駛的大型範疇。因此，你以此種方式記憶會計資訊：右側紀錄流進來的錢，即貸方（一件好事，就像靠馬路右側行駛汽車），左側紀錄花掉的錢，即借方（一件壞事，就像在馬路左側逆向行駛）。漸漸地，當經驗足夠豐富，會計桶槽將擁有自己的生命，開始自行支援其他連結。

- 你第一次露營，被告知哪些蛇有毒，哪些蛇沒有毒性。黑紅條紋的蛇是無害的，黃紅條紋的則有毒。儘管你儲存蛇類資訊的桶槽容量有限，關於色彩範疇的桶槽卻十分龐大。因此，熟記蛇類須知的最佳方式，就是跟你腦中既存的色彩範疇產生連結。黃色在交通號誌中象徵警告，你可以藉此記住黃色條紋的蛇，意味著「小心」。

闡述

透過詳盡闡述（Elaboration），資訊可以儲存的地方便豐富了起來，當你再度搜尋時，將能更輕易找到這項資訊。進行闡述的最佳方式取決於資料以及你個人而定。與熟稔的記憶串聯起來、具體形象化、賦予資訊更多意義，都是闡述的一種形式。假如你能將資訊放入連貫的故事中，那就更好了；人們大多對故事記憶深刻，許多人不自覺地對自己訴說故事。利用如下的闡述，可以輕易記住加勒比海的颶風季節：「六月太早，七月備好，八月必到，九月忘不掉，十月一切結束了」。這是很管用的闡述，因爲它不僅押韻，還涵蓋了一則小小的故事。

大量的複雜資訊，也可以利用此種方式儲存。一個較極端的例子，是演員試著背誦劇本時的情景。粉墨登場之際，還能一字不差地記住數小時的對白，這是演員的天職。在進行角色甄選時，他們被指望迅速瀏覽腳本，然後逐字演出。這項能力讓我們瞠目結舌，但其實人人都能學而得之。演員運用闡述法。他們在讀腳本時，一邊冥想每一句話爲什麼是照劇本設定的方式說的：這個字背後的意圖是什麼？這個字會在其他角色的腦海中產生怎樣的衝擊？一項研究要求演員閱讀一份腳本，內容是一男一女針對愛情及潛在出軌行爲的一段對話。

以下是一名演員如何闡述女性角色提出的僅僅兩字（那麼…）的問題，以及他根據劇本做出的回應（黑體字代表劇本中的文句）：

> 接著她說：「**那麼…？**」
>
> 她藉著「**那麼…？**」兩字要求我進一步挖掘問題。
>
> 哪，我不如告訴她讓我深感困擾的想法：「我跟她一塊兒離開時，她還穿著的呢。」
>
> 唔，假使我和她一塊兒離開時，她還穿著它，而這東西現在在這裡，她還沒來，那麼她顯

然曾經跑回來看他。或者，她因為某些因素而回來這裡。然而要是我對自己未婚妻的愛情沒把握的話，我很可能懷疑她曾經回來看〔他〕。

演員並未刻意背誦特定字眼本身，而是全神貫注於文字較廣的意義，藉此記住自己的台詞。該研究同時檢驗知名記憶術專家——哈利・羅瑞恩（Harry Lorayne）處理同一套腳本的方式。和一般預期相較之下，他的記性教人讚嘆不已，但他記得的台詞仍比不上職業演員。他的策略大爲不同。如同該研究之發起人所言：「羅瑞恩似乎從外在角度看待台詞，將之視爲有待記憶的資訊；演員則由內在觀想，將之視爲有待經歷的人生。」

就連記性不同凡響的人——如馳名天下的俄羅斯記憶力專家謝雪夫斯基，也運用故事幫助記憶。他藉由編造故事記住以下公式：

$$N \cdot \sqrt{d^2 \times \frac{85}{vx}} \cdot \sqrt[3]{\frac{276^2 \cdot 86x}{n^2v \cdot \pi 264}} \; n^2b = sv \; \frac{1624}{32^2} \cdot r^2s$$

其故事摘錄如下（括弧內容代表公式要素）：「尼曼（N）走了出來，拿起他的枴杖擊地（•）。他仰望乾枯的樹，想起了樹根（平方根符號）。他心裡思忖：『難怪這樹會凋零並露出樹根，那是因爲我當初蓋這兩棟房子（d^2）時，它就已經挺立在這裡了…他說，『房子老了，應該在上面畫個叉（X）。』這將爲他原本投入的資本帶來高額報酬；他投資八萬五千美元（85）建造它們。屋頂壓垮了建築物（——），底下有人站著吹口琴（vx）…』

故事繼續發展，直到謝雪夫斯基爲公式的每一符號找到解釋爲止。鮮少正常人肯花力氣編織如此浩大的故事，但假使你能勾勒出一個含有個人意義的故事，記住它的可能性便大幅提高。

闡述是一件愈做愈容易的事。它不同於你跟朋友或家人瞎掰的故事，你可以祕而不宣，隨心所欲地編出光怪陸離的情節。請注意：荒誕不稽的闡述可能和你的正常思路過於疏離，不管它們爲記憶的銘刻提供何種幫助，可能反而導致日後難以提取。舉例而言，爲了記住阿肯色州（Arkansas）的首府是小岩城，你不禁想像一艘有生命的方舟（ark）來回鋸著（saw）一塊小岩石。然而，你說不定永遠不會再有幻想擬人化方舟的心境，更別提一艘會鋸東西的方舟了。況且，岩石多半是用敲碎的，不是用鋸的。然而，入情入理的闡述使得有意義的連結更形鞏固，如此一來，你就不需每每試著回想事情便瀕臨精神崩潰了。

闡述愈詳盡，記憶就愈深刻。當你針對想要記得的事情反覆琢磨其獨特之處，就能留住更多關於它的記憶。一則詳盡的故事裡，資訊可以依年表（例如關於颶風的打油詩）、依因果關係、印證個人經驗，或者依附於既有知識或記憶而交織在一起。闡述方法各有巧妙不同，每個人都從其獨特的思慮或經驗中汲取靈感。其他闡述法如下：

- 利用諧韻（有賴於你對字彙的掌握）建構意味深長的記憶。「Righty tighty, lefty loosy」（右緊左鬆）是很棒的同韻詞，用來記憶螺絲和把手向右轉會旋緊，向左轉則鬆開。只要能編出成韻的口訣，即便複雜的資訊也能以此法儲存。
- 和同韻詞一樣，歌謠或音韻鏗鏘的小曲創造出模式，讓文字更容易記住。音樂結合文字和長短適中的音節，加上獨特的著重點，再徵召聽覺記憶的輔助。人們若一面聆聽背景音樂一面背誦字串，日後聽到同樣旋律時，便能輕易回想起這些字。然而，若要發揮效果，旋律必須簡單而且朗朗上口。敲打節奏也是在記憶過程中融入音樂的方法之一。
- 利用個人經驗作文章，藉此將你試著記住的和你既有的知識串聯起來。如果你熱中於高爾夫球，某日發現自己想要記住如何使用各種不同尺寸的扳手，你也許可以將各號扳手和特定球桿——例如挖起桿、三號鐵桿或開球木桿——串聯在一起。
- 要記憶手續超過工作記憶承載量的繁複程序，與其硬將程序的每一個字背下來，不如將你正在做的動作想像成一個圖表。視覺圖表能幫助你的工作記憶保留更多資訊。

• 想辦法為你試著留存的資訊打比方，尤其當資訊似乎互不相干或分屬不同領域，或者當試圖記憶的資料難度很高時。

闡述意義

闡述意義是一種特別的闡述法，它是較優越的方法，因爲我們往往在乎正在學習的事物有何意義，而不在乎它是否押韻。爲了顯示闡述意義的效果有多好，請閱讀以下文句，然後蓋上書本，試著回想誰做了什麼。

一、胖子買了掛鎖。
二、大力士清洗油漆刷。
三、禿子剪下折價券。
四、窮人進入博物館。
五、小丑欣賞戒指。

現在閱讀闡述後的文句，然後蓋上書本，試著回想誰做了什麼。

一、胖子買了掛鎖，裝在冰箱門上。

二、大力士清洗油漆刷，以便替槓鈴上漆。

三、禿子剪下折價券，索取落健的免費試用品。

四、窮人進入博物館遮雨。

五、小丑欣賞那只會噴水的戒指。

第二群句子雖然較長，但它們蘊含的意義也比第一群句子更豐富，應該能幫助你更輕鬆地儲存記憶。

多重儲存位置

資訊在腦中儲存的地方愈多，愈可能持久不退且容易尋獲。心智儲存資訊所使用的特定形式，稱之爲代碼（code）。代碼可以是視覺的、聽覺的（例如韻母）、意義深長的，或以其他形式出現。幸運的是，基於智能記憶之存在，多重並行的編碼幾乎在無意識之下完成：當你見到「大象」這個字，心智便不由自主地產生意象，而你無法阻止心智在至少兩處地方儲存記憶——儲存文字本身以及大象的形象。

要充分利用多重編碼的好處，你也許需要費些工夫尋找不同的代碼與連結。至於哪一種代碼和連結最容易記住，人人各有不同，至少一開始是如此。許多人不論學什麼，都試著想像畫面，覺得這種方法既輕鬆又有效。其他人發現自己有很強的嗅覺或味覺記性，他們記憶義大利之旅的方式，不是試著在腦中浮現米開朗基羅的壁畫——最後的晚餐，而是試著回想雨後的街道上，那股濕氣沉沉的味道。另外一些人比較會記聲音，對這些人來說，以聲音編碼或許有所幫助：可以透過和「salami」（義大利香腸）押韻而記住「origami」（日本摺紙藝術）這個字。不論運用怎樣的聯想，新舊資訊交織起來後，新資訊就會變得難以抹滅。也許最重要的是，你讓新資訊成了智能記憶網絡中的一分子，在你遺忘了試著記憶的獨立事實之後，整個網絡仍能長久留存。

當你遇到想要記住的事情或想法時，盡可能以多種角度思考它們。想像自己正在檢驗一顆珠寶，研究光線如何穿透寶石的各個琢面，於是你慢條斯理地旋轉它，從各種角度欣賞。你會發現每個角度都能提供一個新的意象，連帶找到新的儲藏地點。在本質上，你擴展了意念的視覺影像，因而使它在你腦中擁有更多棲息之所。

視覺化與記憶術

對多數人而言，以視覺影像編碼特別有效，因爲視覺圖像是我們最堅強的記憶系統之一。我們的大腦，大約有四十%專門處理視覺官能——超過其他各種感官。這就是你的圖像識別記憶（判斷某項事物是否似曾見過的能力）比文字或概念記憶更強的緣故。因此，如果你能想辦法讓事物視覺化，記憶必然更深刻。

某些文字可以儲存爲視覺圖像，視其具體性而定。「剪刀」可以輕而易舉地視覺化，然而「自由」便過於抽象，難以設想。具體的文字自然而然以視覺儲存，這是因爲智能記憶的自動連結所致。

記憶術（mnemonics）有時被斥爲一種只能產生益智遊戲記憶（game-show memory）的心智捷徑。的確，記憶術對智能記憶的好處不大，然而學習運用它們，對於牽涉互動意象的記憶儲存而言，是一種很好的練習。不論記憶的內容或長短如何，記憶的儲存將因圓熟的意象運用能力而容易許多。

記憶術的存在已行之有年——一種稱爲「位置法」（拉丁文loci）的記憶術，得歸功於希臘人的發明。這種方法利用位置協助記憶，因此又稱爲「心靈漫步」法（mental walk）。首先想像你熟悉的地方，例如你的家、辦公室或後院，這些地方必須是你熟知而且可以詳細回想的地點。然後想像你希望記住的每個項目，在腦中將它們放在你熟悉的每個位置上。當你回顧想要記住的事情時——例如買手套和一箱瓶裝水，你想像位於特定地點的每件事物，或與之互動——例如看見院中涼椅上擺了一雙手套、把水倒入供鳥戲水的水盆中。當你試著回想你的物件或待辦事項清單，讓心靈在你熟悉的地點漫步，這將解開記憶的大門。在一項研究當中，十位傑出的記憶家裡，便有九位採用此種記憶術。

另一項記憶術——釘樁法（peg method），將數字一到十與想像的物件串聯起來。常見的配對如下：一是麵包，二是隻鞋，三是棵樹，四是扇門，五是蜂巢，六是枝條，七是天堂，八是柵欄，九是瓶酒，十是母雞。顯然，數字與文字押韻，使它們更容易背誦（譯註，這段口訣的原文是：One is a bun. Two is a shoe. Three is a tree. Four is a door. Five is a hive. Six is sticks. Seven is heaven. Eight is a gate. Nine is wine. Ten is a hen.）。一旦熟記這些配對（並在腦中產生栩栩如生的畫面，例如一呎長的熱狗麵包），就可以想像物件相互之間的關係，取代記憶一長串數字。假如想要記住早晨的三件必要工作——好比說支付電費帳單、澆花、買絲襪——你便創造這些意象：將電費單捲成筒狀，放入塗滿芥末醬的麵包裡，一隻鞋踩到你的花，一雙絲襪懸掛在樹上。

釘椿法的用途很多。我們有個朋友盛讚這種方法對他事業生涯幫助很大，尤其在他推銷東西的時候。他目前是一家出色的上市公司的總裁，早年在空軍接受戰機飛行員訓練時，學會了釘椿法。在轟炸任務當中，他必須記住儀器編號和其他大量資訊，以便在千鈞一髮之際做出決策。他說釘椿法協助他成爲優秀的推銷員——他從不會忘記名字、號碼或任何待辦事項。

記憶比賽的優勝者通常仰賴一些技巧，例如誇大別人臉部表情以產生可以幫助記憶的線索和名字。另一項技巧是替兩兩成對的數字編碼，以便記住一長串數字。給予每對數字一個有意義的代碼，例如○○＝腳踏車，象徵兩個車輪；五七＝蕃茄醬，正如Heinz蕃茄醬的口味種類；三九＝希特勒，他在那年挑起二次世界大戰戰火。在此系統下，數字三九五七○○可以設想成希特勒抓起一瓶蕃茄醬，然後騎上單車。一名記憶專家運用這套系統，記住了英國黑池（Blackpool）一帶一萬五千支電話號碼。

舉凡記憶術，不分何種特定方法，都建立在相同原理之上：將需要記取的和已知的串聯起來；儲存在許多地方；在學習過程中注入額外的注意力與熱忱，俾使記憶更深刻、更牢固；以及同時存入有助於再度提取資訊的提示線索。當然，使用記憶術之際，也等於將自己想要記住的事情重述了一遍。

就智能記憶而言，一切記憶術都比不上透過理解意義或本質而留取的記憶。記憶術讓你記住資訊，但未增加資訊的價值。然而，假使你必須記住某件事，記憶術確實是有效的。就連職業演員也運用記憶術來掌握特別拗口的台詞或歌詞。梅爾·布魯克斯（Mel Brooks）和安·班克勞馥（Anne Bancroft）在電影《戲諜人生》（*To Be or Not to Be*）當中，雙雙利用記憶術的技巧記住劇中的波蘭語歌詞。

重複與排練

你以什麼方式重複和練習你試著記住的事，將影響記憶儲存的難易程度。「詳述」你想要學習的事物（在心裡加以闡釋）並理解概念，如此儲存的資訊日後將好用得多。和死記硬背相較之下，認眞推敲和反覆練習會在腦中創造新的神經連結。針對正在做同一件事的專家和新手進行腦部掃描，發現兩者的腦部活動部位並不相同，專家的思慮呈現較高複雜度。以實際角度而論，這意味著專家的學習速度較快、記得的較多，而且可以將他記住的運用於較廣泛的狀況中。

心智練習（mental practice）是專家常用的排練方式。音樂家登台演奏之前，先在腦子裡演練曲目的每一小節；老經驗的賽跑選手在比賽即將上場之前，先懷想每一個坡道、直線跑道和彎道。重複似乎是一樁夠簡單的事，但我們往往非經提醒才會去做它。人們容易變得漫不經心，我們或許會讓某件事在腦子裡重複一兩次，然後就隨它去。最有效的重複不僅止於一兩遍的排練，更重要的，必須大聲完成。當缺乏視覺影像輔助記憶，我們的聽覺記憶就顯得格外強大，即便是我們自己的聲音。

重複演練本身是一種薄弱的學習方式。結合闡述（任何方式皆可）的排練，可以發揮高出許多的效力。你是否曾經聽了個笑話，提醒自己記住它，隨即忘得一乾二淨？如果你曾演練一次，實際地講出這個笑話，附帶一切動作和表情，你的記憶或許可以更深刻一些。預演是闡述的一種形式，因爲每當你徹頭徹尾地思考資料，就等於在詳盡地描述它。

當你試圖記住一套程序，例如換輪胎的手續，預演便顯得格外重要。假使在你演練每道步驟時，你能理解背後的邏輯或基本理由，那麼各項手續的記憶便會更持久。比起一堆亂無章法的事件，記住遵循一定規律的事情總是容易多了。如果你理解規律存在的理由，那麼在你的腦海裡，你便從一群規則中創造出一個迷你心智，最後將可以不假思索地執行任務。你不僅得到知識，也學會如何運用知識。

間隔練習

你是否想要花更少時間學習，同時得到更深刻的記憶？癡人說夢？事實上，這早已不是新鮮事了。訣竅在於，不要試圖一舉記住所有事情。反之，將學習分散於一段較長的時間，一次留住一小塊記憶。你總共花在學習的時間將會更短，而記取的心得將會儲存得更正確、更徹底。

這是經過反覆驗證的事實。幾年以前，英國郵差接受打字訓練，以便在進行郵件分類時使用新的郵遞區號。郵局員工可以在四種不同密集程度的課程中擇一報名，其中最緊湊的課程，每天必須上兩堂兩小時的課。最閒適的課程是一天上一節課，每節課一小時，但不用每天上課。選擇最緊湊課程（每天四小時）的學員，需要八十小時的指導才能在一分鐘之內打出及格的字數；而一天只上課一小時的學生們，在五十小時的指導之後就能達到同樣的成績。即使在課業結束的數月之後，一天上課一小時的學生，技巧也維持得比一天上課四小時的學生更好。分散練習或記憶期間的唯一缺點，就是過程本身需要耗費較長的時間。

這並非絕無僅有的案例。此原則如今眾所週知，甚至還被冠上一個名稱：間隔效應（spacing effect）。多重原因造成間隔效應，首先，人們在短而集中的期間內，比較容易聚精會神。儘管兩小時的課程看來強過一小時，但是人們能乖乖坐著有效學習的時間，往往不超過一個鐘頭，剩下的時間都浪費掉了。在一小時的課程中，精神比較不容易渙散，雜念也比較不會讓你分心，因爲你知道馬上就要下課了。

間隔學習之所以有效，也是因爲新記憶干擾舊記憶的機會較低。干擾（interference）是造成遺忘的一大主因。藉由隔開每一節的學習，你讓各項學習內容在你腦中擁有更顯著的地位。此外，間隔也讓大腦有時間補充在學習過程中消耗掉的營養和化學物質，而這些營養和化學物質是建立記憶所不可或缺的。額外的時間也能讓新連結獲得強化。

最後，間隔允許我們所學的內容在腦中更廣泛滲透，與其他記憶產生更大的接觸。好比綿綿細雨和傾盆大雨之間的差別：下個不停的小雨有機會滲入土壤裡，滂沱的驟雨還來不及滲透就沖刷而過。間歇而穩定的雨勢好比間隔的記憶，而傾盆大雨則如塡鴨式的記憶。緩慢而深沉的學習，是間隔學習之所以更能滋養智能記憶的原因。

大腦的夜班工作

備忘錄記憶儲存爲永久記憶的過程，並非只在醒著的時候進行。愈來愈多研究顯示，你的大腦可以在睡眠期間完成這項轉移。睡覺時儲存的永久記憶，甚至可能比神智清醒時更多。至於何種資料最適合在睡眠期間學習（例如技術性資料或事實），以及哪一段睡眠期發揮了妙用（作夢或無夢的睡眠），至今尚未定論。然而，假使你睡眠不足，你的記憶就無法那麼清明。關於一夜好眠的價值，你母親說的沒錯。

練習

一、爲驗證多一點思索能如何改善記憶的儲存，請試試以下練習。

- 根據題目之後的詞彙回答問題：

這個字是斜體字型嗎？　狗

這個字是黑體字型嗎？　蘋果

這個字是斜體字型嗎？　**士兵**

這個字是黑體字型嗎？　**電話**

這個字是斜體字型嗎？　雨衣

這個字是黑體字型嗎？　**跌跤**

這個字是斜體字型嗎？　慢跑

這個字是黑體字型嗎？　紅髮

這個字是斜體字型嗎？　悟性

這個字是黑體字型嗎？　**戲院**

- 現在蓋住字串，盡可能回想每一個字。紀錄自己記起了幾個字。
- 接下來，閱讀並回答以下問題。

這個字跟「手」押韻嗎？　打岔

這是種蔬菜名嗎？　加州

這個字是黑體字型嗎？　霧氣

這是種動物名嗎？　臭鼬

這個字跟「星期日」押韻嗎？	月刊
這個字是黑體字型嗎？	**喵**
這是汽車廠牌名嗎？	**Toyota**
這個字跟「鞋」押韻嗎？	茄
這個字是黑體字型嗎？	價格
這是種食物名嗎？	乳液

• 同樣的，蓋住字串，盡可能回想每一個字。

說明：你對第二個字串的記憶，應該比第一串更深刻，因爲第二串題目要求你更深入思考。你不僅需要注意字型（黑體字或斜體字），也需要考慮文字的意義與音韻。這是記憶儲存過程的簡化版本——形成影像、提問、考量多重觀點——因爲這就是資訊鞏固在腦中許多部位，納入永久記憶的方法。

二、以下是兩組題目。回答第一組題目，紀錄自己花了多少時間，然後以同樣動作進行第二組題目。

第一組

舉一種以字母S為首的水果名。
舉一種以字母P為首的動物名。
舉一種以字母R為首的鳥名。
舉一個以字母T為首的國家。
舉一個以字母C為首的知名男演員。
舉一個以字母B為首的知名女演員。
舉一種以字母A為首的蔬菜名。
舉一種以字母D為首的花卉名。

第二組

舉一種以字母A結尾的水果名。
舉一種以字母G結尾的動物名。

舉一種以字母D結尾的鳥名。

舉一個以字母O結尾的國家。

舉一個以字母Y結尾的知名男演員。

舉一個以字母P結尾的知名女演員。

舉一種以字母S結尾的蔬菜名。

舉一種以字母T結尾的花卉名。

說明：很可能的情況是，你迅速回答了第一組的問題，但回答第二組的題目就費時多了。原因就在於你儲存資訊的方式；儲存方式決定了提取資訊的難易程度。我們依照字首字母儲存名字，而不是第三個或最後一個字母。我們分門別類地儲存資訊，以方便縮小搜尋範圍。我們沒有屬於字尾字母的範疇，因此只好隨意搜尋已知的名稱，檢查每個名稱的字尾是否符合搜尋目標。這就是以特定字母開頭的項目名稱能迅速浮現腦海，而你必須徹底搜索整個範疇、檢查每個名稱，才能找到符合的字尾的緣故。

三、**歸入某個類別可以增加資訊的意義，使它更容易記得。**爲了證明其中差異：

- 閱讀下列句子，每一句話的閱讀時間不要超過五秒鐘。

史提在屋頂上行走。
哈利拾起雞蛋。
比爾把斧頭藏起來。
吉姆放風箏。
法蘭克彈開開關。
艾爾蓋了艘船。
山姆的頭撞上天花板。
亞當辭去工作。
傑克縛緊風帆。
愛德寫了齣劇本。

- 爲了測驗你的記性，蓋住句子，回答以下問題：

誰蓋了艘船？
誰拾起雞蛋？

誰在屋頂上行走？
誰辭去工作？
誰放風箏？
誰縛緊風帆？
誰的頭撞上天花板？
誰寫了齣劇本？
誰彈開開關？
誰把斧頭藏了起來？

• 你的心智八成沒有現成的範疇替這些句子歸類。由於無法將它們依附在熟悉的記憶上加以儲存，你只得絞盡腦汁緊緊抓住它們。現在閱讀以下十個句子，同樣的，每個句子只能花五秒鐘的閱讀時間。

史提和聖誕老公公在屋頂上行走。
哈利和復活節兔子拾起雞蛋。
比爾和華盛頓把斧頭藏起來。
吉姆和富蘭克林放風箏。

法蘭克和愛迪生彈開開關。
艾爾和諾亞蓋了艘船。
山姆和喬丹的頭撞上天花板。
亞當和尼克森辭去工作。
傑克和哥倫布縛緊風帆。
愛德和莎士比亞寫了齣劇本。

• 現在，蓋上句子然後回答問題：

誰蓋了艘船？
誰拾起雞蛋？
誰在屋頂上行走？
誰辭去工作？
誰放風箏？
誰縛緊風帆？
誰的頭撞上天花板？
誰寫了齣劇本？

誰彈開開關？

誰把斧頭藏了起來？

如今，你有了可以用來分門別類的範疇，以及和新資訊銜接起來的既存知識。這使得你試著記憶的資訊更容易理解、儲存與回憶，儘管在第二組句子中，你要記住的資訊事實上更多了。運用這種尋找熟悉伙伴的方法，也許得多花一點時間，尤其是面對全新資訊的時候。不過，這種方法將使記憶建築在你既有的記憶之上。

經過深思熟慮而儲藏的記憶和知識，爲智能記憶奠定堅固的基礎。截至目前爲止，你已經爲整套程序打好底子、彙集了零件片段，並且整理得井然有序，如此一來，將它們兜在一起以形成智能記憶，將跟照編號塗顏色那樣易如反掌。流程的下一個步驟——擴展連結，正是引爆智能記憶的關鍵。下一章，我們將告訴你如何串聯出強大的記憶之鏈。

7 激發連結

智能記憶之所以聰明，乃是拜連結所賜。連結讓意念得以跟另一個意念串聯起來，進而創造意念的長鏈，藉此解決問題或引發新的念頭。每項新連結對擴展智能記憶的貢獻，是單獨一個構想或一樁資訊所不能及的；它在你腦中開啓了數百條或數千條新的路徑。

連結的形成有許多方式。它們是一切學習的天然副產品，因爲學習本身便涉及不自覺地激發聯想。伸手拿蘋果之際，腦中很可能蹦出一家電腦公司的影像。出於意識的幻想性思維，可以讓連結更根深蒂固；想像自己咬一口蘋果，蘋果的模樣、滋味和香脆多汁，凡此種種在你腦中更強烈地融合起來。你也可以將影像、構想和整體意念並排在一起，藉此強迫心智在它們之間創造連結。

你是否建立連結？

笑話是讓你既有的連結浮出檯面，並顯示你是如何創造新連結的好方法。在那神來一筆的關鍵妙語之前，腦中原有的連結引導你順著一條可預測的，由假設、觀念和意義築成的路徑走下去，但在最後一刻，笑話跳脫原來鋪好的路，踏上一條截然不同的路徑，而你也跟著創造了一個新連結。這就是當你「了悟」一則笑話時所發生的狀況：預料和意外之間產生衝突，而我們在發覺自己被唬了過去時不禁失笑。兩者間的衝突，揭露了智能記憶所採用的連結。看看你是否能辨識以下這些笑話所引發的一連串意念或意義：

- 微軟的比爾．蓋茲和通用汽車的總裁談天，蓋茲拿其產業的最新發展吹噓一番。他說，「假使過去幾十年來，汽車科技的發展能夠與電腦科技的進步並駕齊驅，你現在開的車會是V－三二引擎而非V－八引擎，而它的最高速度將可達到每小時一萬英里。」

「的確，」總裁回答道，「但我實在不想開一輛一天crash（譯註：crash同時有電腦當機和汽車撞毀的雙重意義）四次的車子。」

・兩位互不相識的男子正準備搭乘倫敦地下鐵，兩人的聽力均不靈光。其中一人仔細研究他們剛踏入的車站，說，「對不起，請問這兒是溫布里嗎？」

「不，」另一人回答，「是星期四（譯註：此人誤將溫布里〔Wembley〕聽成星期三〔Wednesday〕）」。

「不，」第一人答道，「我剛喝過飲料了（譯註：此人誤將星期四〔Thursday〕聽成口渴〔Thirsty〕）」。

・你聽說過那個死掉的義大利廚師嗎？他翹辮子了（譯註：原文為「He pasta way」與「He passed away」諧音）。

・瓊斯打電話時遇到了麻煩。「請接歐提威爾（Ottiwell），」他說，「我要找雷吉諾．歐提威爾。」

接線生照例問道：「可以請你把他的姓氏拼出來嗎？」

瓊斯開口：「Oscar的O，Thomas的T，再一個Thomas的T，Irene的I，Wallace的W…」

這時，接線生插嘴問道：「哪一個W？」

"No, no,—not a pride! It's a bunch of tourists."

（不，不一樣是一群！〔譯註：pride，獅群〕是一幫〔bunch〕遊客）

有什麼好笑？

比爾·蓋茲的笑話引發人們產生與電腦相關的假設與聯想，然後跳到「crash」這個字的另一層涵義。重聽的陌生人笑話是一場文字遊戲，利用文字的發音創造意義衝撞。麵條的笑話顯然是個逗趣的雙關語，因爲它用麵條（pasta）這個字引人聯想到逝世（passed away）。

然而，假使接線生笑話沒能讓你哈哈一笑，你並不孤單，許多人楞了一下才看出箇中幽默。一個笑話若要讓人當場噴飯，預料與意外之間的衝突必須直截了當。和其他笑話相似，這則笑話也仰賴撞擊擦出的火花，而在此笑話中，是在有道理和沒道理之間的撞擊。只可惜沒道理的部分無法一目了然，因爲接線生的問題聽來合情合理。只有當你仔細思考——用哪一個字來解釋W其實並不重要，只要接線生知道是個W就行了——其中的幽默才會一一浮現。

最後一個笑話（頁首漫畫）將動物和人的世界倒置，顯示當談到稀奇古怪的單位名稱時，獅子也能和人一樣出現「聰明的」對話。

笑話令人發噱之處，和觸發智能記憶的思維有著異曲同工之妙；兩者皆仰賴至少在兩種不同的觀念或思維脈絡之間產生串聯。要編造笑話，你必須創造新的組合——將你未曾兜在一起的影像或概念串聯起來。

對於智能記憶的日常使用來說，連結不必是前所未見或異想天開的，只要有用就好。無論如何，你將發現潛藏於腦中的未知連結、延展既有的連結，或者創造出全新的連結。

建立更好的連結

我們的一切記憶都具有連結，你不可能想出一樁完全獨立於其他事件之外的構想、概念、經驗或事實。每一份記憶都會激起一些連結，其中的連結多半是常見而且可預料的。心理學家拿這些常見的連結或聯想來衡量一個人的心態離常軌多遠，這種做法是出了名的。百年以前，容格（Carl Jung）發明了一項文字聯想測驗，至今仍廣受運用。對於他認定「正常」的文字組合或連結，你或許深表贊同，例如頭—腳、窗戶—房間、支付—帳單，以及桌子—椅子。你也可以理解以下這些比較罕見的聯想，但它們並非多數人腦海中首先浮現或最強烈的連結：

窗戶—圖像（Window-icon）

頭—首領

桌子—高原

基金—對沖

不過，理解此類連結的另一種方式，就是刻意反其道而行。以下陳述讓你聯想到什麼？

我吃掉一棟房子當早餐。

喬在溫水中顫抖。

這鉛筆視野茫茫。

這本書很高興。

當然，這些連結在某些情況下平凡無奇。酷斯拉（Godzilla）也許真的吃掉建築物當早餐，至於在溫水中顫抖的喬——有些人無論如何就是會覺得冷，而鉛筆和書本可能都是卡通人物。但是要運用隱喻的手法進行詮釋，就需要你創造全新的連結。

我們的正常連結原則上運作完善，協助我們將最有用或最合適的意念串聯起來。舉例而言，我們在駕駛汽車之際，會立即將前方車輛亮燦燦的尾燈和踩煞車的動作串聯起來。我們將汽車打滑的感覺和方向盤的轉動串聯起來。剛開始學開車時，你學著在方向操控和方向盤之間形成連結，而後經過長年的駕駛經驗鞏固了這項連結，如今已深植於腦海，甚至不需多加思索即可上路。

然而，正常的連結並非無往不利。好比說，當你在冰凍的路面上駕駛，或者開始不受控制地側滑，你必須在車子滑行和打方向盤之間，形成一個不同於直覺反應的連結。當車子側滑時，人們多半將車子朝滑行的相反方向轉動，以便將輪子打直。在結冰的路面或當車子打滑時，正常的連結毫無益處，你必須建立新的連結。

日常問題的解決，也是同樣的狀況。你大抵運用已在智能記憶中根深蒂固的連結和慣例解決它們：家裡養的寵物生病了，於是你帶牠去看獸醫；但假使寵物生病那天，你沒空去獸醫院，就需要另外想辦法了。情況使然，你發現你可以打電話請獸醫到府看診。自此之後，這項方案就納入了智能記憶的選項之一。

由於我們幾乎凡事都得運用智能記憶，連結也同樣無所不在。此處討論的連結，發生在電光石火之間。我們所做的任何事情上，幾乎都有數十項、甚至數百項的連結同時進行中。在我們苦思冥想時，或許動用了更長的連結鏈，好幾個小時或好幾天轉動個不停。

有許多方法讓心智創造連結。你也許可以從單一物件著手，思索它的屬性或特質。一天，有個人在梳理狗毛裡的野草芒刺時，不禁納悶是什麼東西使芒刺產生黏附力；魔鬼氈於焉誕生。或者，你也可以試著比對兩個物件，找出其中的相同點或相異之處。此種比對法有時具有實際目的。舉例而言，發展新商品時，你或許希望結合兩項不同商品的特徵精華。

此種思維爲我們帶來了馬桶用落地燈（以便獨坐於黑暗之中；譯註：落地燈〔landing light〕是一種極明亮的燈光，於飛機降落時使用）、附警鈴的叉子（在你進食速度太快時發出嗶嗶聲）、寵物馬桶、三輪車鋤草機（以便讓孩子在幫忙鋤草的過程中消耗精力），以及電動冰淇淋甜筒（將冰淇淋推進我們的嘴巴裡，如此一來，我們就不需要用舌頭舔甜筒裡的冰淇淋）。這些發明或許聽來滑稽怪誕，但它們全都榮獲美國專利。而且石頭寵物（pet rock）竟然曾登上許多人的書桌，風靡一時。

絞盡腦汁創造新奇聯想

我們最得意的連結和幫助最大的連結，都是完全新鮮的。有些新鮮而有趣，有些則新鮮到看似荒唐的地步。除非某件事原本即十全十美，否則總有冒出個念頭、發展個步驟，或者提出更佳構想的可能性。

眾所週知，藝術家最擅於提出全然新奇的構想。有時候，只要多加一個連結即可創造這種新鮮感。舉例而言，每個人一生中總包紮過什麼東西——像是禮物、疼痛發炎的腳丫。藝術家克里斯多（Christo）將此概念加以延伸。過去四十年來，他因包裹整棟大樓、森林、甚至峽谷而名聞遐邇。他包裹的新奇之處在於其規模，因而被許多人視爲一項重要的藝術表達方式及藝術傑作。同樣的，每個人都曾在垃圾筒蓋或某種物體表面上敲打節奏，外百老匯音樂劇《破銅爛鐵打著玩》（*Stomp*）則以此種音樂形式貫穿整場秀，不僅運用垃圾筒，就連塑膠桶和鐵管都被拿來擊打節奏。

想辦法編造連結，以產生嶄新而有用的事物，並非藝術家的專利。生意人、家長、運動員——任何在困境中掙扎或試著尋找更高明辦法的人，也會找出新的連結。並非所有連結都與現實世界契合；有時候，連結的創造涉及將人們理所當然視爲一體的事物大卸八塊。好比說，一個以衍生性金融商品爲中心的金融市場，價值高達數十億美元。衍生性金融商品的誕生，源自於某個人發現貸款的利息風險（這是相當可觀的），可以跟貸款本金本身的風險（風險很低）區隔開來。大膽的投資人願意在利息風險上下賭注，較爲保守的投資人則選擇本金。一夕之間，一筆貸款創造了兩個次級市場。似乎只有內行人看得懂其中門道，但如今你持有的任何一筆貸款，很可能都是以此種方式處理的。

在你任想像力恣意萌生連結以解決所有問題之際，有幾件事必須謹記在心。問題要是能迎刃而解的話，就不叫做問題了。所以，在你找到比目前方法（假使有的話）更好的解決之道以前，做好嚐試許多新連結、踏遍許多路徑的心理準備。當你絞盡腦汁創造許多新奇聯想時，必定也會冒出許多雜音、廢物和毫無價值的荒謬配對。但若是毫不嚐試，保證你永遠找不到任何有用的東西。就像淘金——你必須淘洗掉大量泥沙，才有機會發現埋藏其中的黃金。

被視爲偉大思想家和發明家的人，都深知這項道理。他們每個人在碰上正確組合之前，幾乎都有一個歷經無數次嘗試的故事。愛迪生有一千零九十三項獨特構想取得了專利，但其中可以和電燈泡、留聲機和活動影片相提並論的寥寥無幾。畢卡索創造了兩萬多件藝術作品，但其中只有一小部份稱得上曠世傑作。然而這些案例的重點是，這些「發明家」確實創造了經典傑作。儘管如此，別忘了他們嘗試多少連結和可能性，才成就了如此豐碩的果實。

透過類推建立連結網絡

要在記憶的元素之間進行跳躍，類推（analogies）是一種重要的方式。產生智能記憶的類推法，可能像文字之間的比擬那樣基本（例如雪花—片片、雨水—滴滴），也可能像隱喻（metaphors）、直喻（similes）和象徵說法（figures of speech，如「起床了，你這鼻涕蟲！」）如此複雜。類推也可能存在於兩個複雜概念之間，或甚至在整套哲學系統之間。

要理解以類推方式思索，能夠如何幫助解決問題，請閱讀以下關於詹姆士·龐德電影《金手指》（*Goldfinger*）的趣聞（我將要求你運用類推法，從這段故事找出解決本章後續問題的方法）。

奧瑞克・金手指不知以何種方式，私自將大量黃金偷運出英國。他經常乘坐由惡狠狠的保鑣奧德賈伯駕駛的豪華訂製轎車，來往於英國與歐陸之間。金手指每次離開英國，政府當局便徹底搜查他的轎車和其他財產，但從未能搜出他藏匿黃金的地點。後來，龐德在金手指抵達歐洲之後展開跟蹤，最後在一座祕密精鍊廠找到他。龐德靈光一閃（我們如今知道這是智能記憶產生的瞬間連結）——黃金根本不在車子裡；車子本身就是黃金。其他人從未洞見此癥結，以至於幾次搜索均無功而返。

類比的進行，有賴於針對預備比對的部分放鬆其界線或定義，轉而以一般性的特徵或功能爲重心，忽略在此情況下無關緊要的細節。大自然蘊藏著各式各樣的類比，俯拾皆是，例如視覺或功能上的對照。以大自然爲靈感的類比，經常激發出不尋常的比對和新奇的解答。

一棟大型工業建築在屋頂上的新設計，從比目魚身上尋找相似之處；這種魚會配合周圍環境，藉由張開或縮回皮膚上的黑色素微囊而改變身體顏色。比目魚的僞裝，激發了在建築屋頂上運用黑白兩色，藉此改變室內溫度的構想。該項設計是在全黑的屋頂上，綴以白色的小型塑膠球。天氣放暖時，塑膠球膨脹，露出白色的部分，反射日光和熱度。一旦到了寒冷季節，塑膠球收縮，黑色的屋頂表面便能吸收熱能。

要尋找類比，方法很多，不過大多數方法的切入點，都是藉由沉澱你的問題或狀況，進而找出其中的一般特徵或更大的概念。科學家經常採用此種思考模式。當富蘭克林設計實驗，運用風箏將兩種現象——閃電和電力——破天荒地連結起來時，他注意到兩者之間存在著這些共通性：發光、路徑彎曲、快速運動、由金屬傳導、爆發時發出爆裂聲或噪音。當建築師法蘭克·蓋瑞（Frank Gehry）思索其建築作品的可能形狀時，想起孩提記憶中那波浪起伏的蠹魚影像（譯註：此處提到的作品，應指西班牙的古根漢美術館）。

試圖爲會員尋找更好的配對方法的婚友社經理，受到速食業的啓發。兩種行業的顧客都希望得到多種選擇性、快速的服務，以及穩當的高效率作業。追求愛情和購買漢堡之間，聽起來似乎有點牽強，但這兩者的連結創造了「快速約會」（SpeedDating）——曠男怨女圈中的最新流行。和穿過麥當勞的購餐車道相同，快速約會的活動也涉及迅速交易——在自願參與的單身人士中，進行一連串的七分鐘對話。第一次會面即相談甚歡的人，可以稍後回來跟同一對象進行另一次短暫的晤談。

有許多方法可以產生類比。你可以想像自己身歷其境或參與某項活動，舉例而言，假設你正在進行房屋修繕，需要點一盞燈，照亮轉彎曲折盡頭的小空間。把自己想像成光線，忽左忽右忽上忽下，一路迂迴前進；如此一來，你或許能得到和工具製造商百工（Black & Decker）同樣的構想。它的蛇光（SnakeLight）是一種微小的手電筒，附著在一根有彈性的長管尾端，可以鑽進各種角落和縫隙。

另一種做法是跳出界線，越過眼前的問題，望向另一個視野。一家洋芋片製造商，在好的包裝和撿拾落葉裝袋（最好在葉子還濕潤時完成）之間找到共同點。濕潤的葉子會凝集成塊，因此較容易採集、擠壓在一起。於是，這家公司設計一種濕潤的馬鈴薯泥、塑造成片狀，然後裝進管筒中。這項類比造就了品客（Pringles）洋芋片。

人體構造也充滿了類推的可能性。單車騎士需要一種可以注入飲水，同時防止泥土滲入的水瓶。人類心臟的三尖瓣膜，成了新瓶口摺蓋的靈感來源。

尋找類比的第三種方式，是將你的精神貫注於問題的另一個環節。汽車防盜裝置The Club的發明者，就是由此想出這項商品構想。雖然吉姆．溫納（Jim Winner）在他的新凱迪拉克上安裝了警報系統，但車子還是在剛買不久之後立刻被偷。在苦思如何防止下一輛車再度被盜時，他並未想盡辦法打造更牢固的大鎖。反之，他挖空心思琢磨阻止竊賊開走車輛的方法。他回想在陸軍服役時，曾爲了防止同袍使用他的吉普車，而在方向盤上纏繞厚重的鐵鍊，固定於煞車上。當他腦中浮現竊賊試圖駕車逃逸的景象時，他想到：「轉不動，偷不動。」

奔馳的想像是尋找類比解答的另一途徑。其中涉及的功夫，幾乎和想出絕妙方案相去無幾，大概比得上五歲小孩提出的那種天方夜譚般的構想。以天馬行空的想像力解決問題，最著名的例子之一，發生在愛因斯坦身上。愛因斯坦試著理解時間的相對性時，想像一個人坐在快速駛離大型鐘塔的電車上。他忖量著，假使電車以光速行駛——與時鐘影像傳入乘客眼中同樣速度——那麼時鐘在乘客眼中將顯示怎樣的時刻。由於乘客與時鐘反射的光線等速移動，時鐘的影像將不會出現改變，彷彿時間靜止不動一般。愛因斯坦於是明白，時間的測量乃取決於速度。

許多人在尋找問題解決策略之間的相似性時，遭遇許多困難，兩種狀況看似截然不同時尤其如此。訣竅在於超越個別狀況的實際細節，試著尋找共同的作業原則。請嘗試解決以下問題：

> 一名住在國家邊界附近的農夫，在鄰國找到了一份工作，日復一日地跋涉到鄰國上工。他每天穿越邊境，守衛都會徹底搜查他和他的手推車，尋找可以課稅的珍貴物資。他有時載運糞肥，有時則載運稻草或泥土。守衛確信他涉及走私，因為有太多居民試著逃離該國的高壓政府。這場貓捉老鼠的遊戲玩了好幾個月，守衛一再搜查他的推車，農人也一再宣稱沒有需要申報的物品。守衛始終沒有找到什麼。幾年後，一名守衛在小酒館裡遇到

農夫，要他吐露真實故事。農夫承認他的確行走私之實，請問，他是怎麼辦到的？

如果你從金手指的故事看出相似之處，你就對了：農夫走私的正是手推車零件。看到這個類比之後，你能否找出以下兩個典型問題之間的相似處？

一名病患長了一枚無法開刀取出的腫瘤。他只能靠放射線治療，但高劑量的放射治療又會傷害周圍的健康組織。如何能治療腫瘤又不破壞健康組織呢？

小國獨裁者受到叛軍圍攻，因而逃到位於該國農業中樞的堡壘中避難。堡壘囤積的補給品足以維持好幾個月，獨裁者的軍隊也在通往堡壘的一切通道上埋了地雷。在通往堡壘的路上進行任何重型活動都會引爆地雷，而叛軍經費短絀，無力購買飛機。叛軍如何成功攻打堡壘？

兩項問題雖然南轅北轍，但其結構和解答卻差可比擬。你或許察覺腫瘤和堡壘的相似性——都需要被剷除，然而攻擊行動必須侷限在一定範圍內，因爲週遭範圍只能承受輕微損傷。類似的問題有類似的解答。兩項案例所需的是力量的聚合。就腫瘤而言，答案在於集中許多條低放射能的輻射線，從不同角度匯集於腫瘤上。這是一種實際的治療方法，如今廣泛地運用於放射治療上。至於攻打堡壘，可以派遣許多小型叛軍部隊借陸路逼近堡壘，設法避開地雷，然後一聲令下同時向堡壘城牆進擊。

當然，別讓兩項問題顯而易見的相似性遮掩了它們各自的獨特之處。前不久，外科治療的研究進展，使得外科小組能將罹癌的肝臟完全自患者身上取出，以最大強度進行放射治療，然後重新植入患者體內。如此一來，周圍的組織便可以完全不受損傷。

鬆散的長鏈

許多蹦入腦中、看似簡單的連結——例如以車輪匙代替小刀割開緊密的塑膠包裝——其實牽涉的不只是一步的聯想或一次的類比。在車輪匙的案例中，中間的連結步驟可能包括從輪匙聯想到其他拆封工具，再到可以切割、刺穿或撕裂的工具。本質上，利用車輪匙劃破包裝的構想，牽涉了一長串類比。

有時候，透過單一類比找到的新連結，無法傳遞你所尋找的解答。其間的對比不夠明確或不夠特別，無法應付有待解決的狀況。你也許需要想得更深並且放鬆你的思維，以便讓更遙遠的聯想浮上腦海。思緒長鏈可以擴展你的連結網路，它是心智自最原始的意念向外開展的每一小步所構成的。這條長鏈可能包含一系列類比，或是彼此隱約相關的聯想。許多人運用這項技巧喚醒記憶，尋找可以勾起回憶的蛛絲馬跡。試著回憶高中同學姓名的中年人，一般從學校的一點一滴開始——它的設施和場地、同學居住的社區，以及放學回家的路徑。若要試著回想上週一的天氣，也許可以從回憶那天的穿著及活動著手。

二次世界大戰期間，一名英國工程師跟他的兒子在鴨池塘裡戲耍，突然萌生一種新型炸彈的構想。爲了摧毀德國位於魯爾谷（Ruhr Valley）的重要水壩，他已經想盡辦法挖空心思。現有的炸彈是如此不精確，往往偏離目標數英哩之遠。此外，水壩最脆弱的部分在於其地基。雖然魚雷可以達摧毀之效，但水壩位於陸封水域，潛水艇無法抵達。

正當這名工程師跟兒子在池面打起水漂兒的當時，他想到是否可以設計一種炸彈，讓它在行進間於水面彈跳，只有直接擊中水壩時才會引爆。從鴨池塘到打水漂兒再到彈跳的炸彈，這名工程師創造了「彈跳貝蒂」（Bouncing Betty）——有人說扭轉了戰爭情勢的炸彈。彈跳炸彈粉碎了兩座德國水壩，引發的大水沖毀了綿延一百英哩的廠房、設備及橋樑。

運用腦力激盪跳躍思考

找出足以貫串成長鏈的聯想或概念，也許需要多費思量。人們的思維往往略顯僵化，想像力很難得不受拘束地恣意馳騁。在不同層次的類比之間來回，或產生驚人的心智跳躍，對我們而言並非易事。腦力激盪是協助你創造如此龐大躍進的有效方式。

許多人熟悉腦力激盪，以爲交換各種意見就是在進行腦力激盪。但是它不僅止於此。儘管腦力激盪經常在團體中進行，但是個人也可以獨自運用這項技巧。其原則殊無二致，只不過單人創造的概念，數量上無法與團體匹敵。若要充分發揮效果，必須遵守一些基本規則。

首先，大目標應該放在數量。構想越多越好，不論內容爲何。其次，過程結束之前，必須徹底暫停任何價值評判。認爲點子愚蠢、無聊、不實際或任何暗示它們不夠水準的念頭，都應擱置一旁。「試著激發構想時，不要一邊開車一邊踩煞車，」腦力激盪之父艾歷克斯．奧斯朋（Alex Osborn）如此建議。第三，試著從某個點子再往上延伸發展，將一個點子視爲跳板或一組概念的中心思想。第四，忽略邏輯或講道理的需求，無意義或不眞實的點子可以激發其他創意；個人腦力激盪的好處之一，就是你可能覺得可以更無拘無束地提出荒唐點子。第五，每一個點子都應該紀錄下來，因爲你將從中實現許多構想。可別忘了它們；你可能在評估構想之際，發現原本沒見到的連結。

商品設計公司Ideo（蘋果電腦的滑鼠和PalmPilot的構想，皆是出於這家公司之手）的設計師，定期進行腦力激盪來刺激創意並激發幹勁。在一次爲了設計新購物車而舉行的會議中，他們提出了瘋狂的構想：可以跟尿片黏合的魔鬼氈兒童座椅，如此就可以將學步階段的幼童「黏」在購物車上；還有，替購買整箱保險套的人設計個人用遮蔽棚。許多生鮮超市如今提供具有兩層購物籃，側邊也能懸掛商品（例如用塑膠網包在一起的六瓶裝飲料）的「迷你」購物車。這很可能是腦力激盪下的成果。

別因爲覺得一片渾沌，而讓腦力激盪害你裹足不前。腦力激盪本應雜亂無章。人們往往停止腦力激盪，因爲它顯得毫無成效，不過，最好的點子不會在一開頭浮現，而是在你做了一陣子之後才會發現。所以，當你禁不住放棄時，再給自己五分鐘，看看會蹦出什麼創意。

醞釀創意連結

有時候，就連最富創意、伸展最遠的思緒，都無法創造絕佳的聯想。一旦發生這種狀況，就該轉身離去，什麼都可以想，就是別著墨於眼前的問題。如果可以讓問題燜煮個幾小時或一天，也許能孵化出答案。儘管忽略一個如芒刺般的問題並不容易，但沉澱醞釀已具輝煌成績，顯示它確實可以萌生突破性解答。

神經科學家不明白醞釀之所以有效的確切原因，不過他們提出了一些理論。其中一項言之成理的理論，將醞釀的成功歸因於刻意遺忘或忽略你在工作記憶中翻來覆去，但尚未產生有意義解答的概念。你的心智藉由如此而離開徒勞無益的連結、死胡同和錯誤的揣測，潛意識因而得到新鮮材料供其運用——潛藏的記憶和聯想。有必要強調這一點：醞釀是關於停止意識性的思考與回憶，並且刻意忽略直覺產生的點子，以便讓深埋的意念交會、發酵。

讓心智在你睡眠時期翻轉攪動，往往具有成效。十九世紀化學家凱庫勒（Friedrich Kekule），就是如此提出苯分子結構這個創新理論的。凱庫勒在打盹兒的時候，夢到一條嬉戲的蛇將身體繞成個圈，試圖咬自己的尾巴。這個環狀結構正是他苦思已久的解答。

當然，不見得非要入睡才能過濾你的意念。作曲家布拉姆斯（Johannes Brahms）表示，他最好的音樂構想都是在他擦鞋的時候湧現。康拉德（Joseph Conrad）需要新構想時，就泡到澡盆裡。惠烈（William Hewlett，惠普電腦創辦人之一）指出，「其實，你大部分的思考，或許都不是在工作時進行的。我在夜裡試著入睡、早晨淋浴或刮鬍子時思考。我想，這表示你其實大多數時間都在想著工作。有這麼多我認爲相當重要的日常雜務，真的很難坐下來專心思考。」

投入一椿需要專注的雜務，是讓意念醞釀發酵的大好良機。物理學界最流行的運動，就是技術登山——攀登數百英呎高的光滑冰壁；科技公司經常創造機會，讓員工咀嚼問題；一家波士頓公司在企業總部爲員工蓋了座迷你高爾夫球場，又將乒乓球桌搬到他們的餐廳中。

不論你投入體育活動或參觀博物館，都爲醞釀期提供了養分。透過接觸新材料、新聯想和新地方，新連結所需的原料便埋入了你的腦海中。

練習

一、注視以下各個墨漬，根據圖形提出兩個尋常和兩個不尋常的想法。

說明：這些墨漬和著名的羅夏克墨跡測驗（Rorschach test）相仿。以下是我們從這項練習

得出的一些想法，供你比較參考：圖一，尋常的想法是暗影或烏雲；不尋常的想法則包括磁鐵鉎削，以及一個頭戴帽子的男人，在烏雲壓頂的狂風天裡倉皇奔跑，試圖在開始下雨之前趕回家。圖二，尋常的想法是一頭黑猩猩和一個拳擊手；不尋常的想法則是冰上曲棍球球員手持另一名球員的球衣，以及羅丹的《沉思者》高喊著「我發現了！」。圖三啓發的尋常想法包括非洲的巫毒舞者以及一株仙人掌；它刺激的特別想法，包括戴著墨西哥帽的墨西哥人沿著漫長的上坡路奔跑，試著躲避烏雲，以及一名男孩踩著滑板，搖搖晃晃地順著山坡而下。

二、你能指出以下文字組合所聯繫的不同概念嗎？

A 金融看門狗
B 官僚瓶頸
C 食物鏈
D 網際網路高速公路
E 道德破產

解答：

A金錢與看守工作

B大型組織內的僵局與瓶子窄小的出口

C種植或行銷步驟以及鏈條的環節

D全球互聯網上快速的電子連結，以及沒有收費站或阻塞現象的高速公路

E一個人的價值觀，以及握有失去市場行情的資產。

三、解決問題的絕佳方式，是明白問題絕對有辦法解決的。或許可以套用一個已知解答的類似問題來解決你的情況。要找出類似問題，原則上必須尋找類似特徵或結構。舉例而言，在迷霧中尋找方向的問題，類似於一個大近視眼在沒有眼鏡的情況下尋找方向；濃霧侷限了視力正常的人的視線，彷彿近視讓罹患此症的人視野模糊一般。這項類比啓發在迷霧中行走的解答：消除視覺扭曲的特殊眼鏡或光線。

- 你能否針對以下問題，找出能啓發解答的類似狀況呢？

A無法在寒冷的清晨發動車子，就像＿＿＿＿＿＿。

B試著驅除地下室的老鼠，就像＿＿＿＿＿＿。

C透支你的支票帳戶，就像＿＿＿＿＿＿。

D擁有一個無法儲存所有訊息的電話答錄機，就像＿＿＿＿＿＿。

參考答案（你找到的類比恐怕有所不同，也許更好）：

A就像冷得無法做你的晨間運動。因此，汽車問題的解答之一就是保暖（前一晚蓋上車套），正如運動之前進行暖身操一樣。

B就像攔阻在人行道上滾動的彈珠。彈珠問題的解答，是製造某種漏斗造型的陷阱接住彈珠，因此，做一個漏斗式的陷阱——例如裝了食物的籠子——來捕捉老鼠。

C就像牙膏用光了。一種方式是在耗罄之前補足它們（不論牙膏或支票帳戶），或者尋找新方法「擠出」錢，例如申請浮動貸款。

D就像擁有一個容量太小的垃圾筒。兩項問題的解決方式之一，是更常清理它們或者添購容量較大的。

四、挖掘常用字眼之間的連結，是學習如何形成新連結的有效練習。有時候，這些連結會進而替老問題找出新解答。一名被要求在交通燈號和香煙之間尋找連結的學生，提出在接近煙屁股的地方圍上紅線，以便提醒癮君子即將吸入香煙最危險的部分。

- 以下是幾對任意擷取的詞彙，看看你能否找出每組詞彙之間的連結。

A森林—牛奶

B牙醫—航行

C鏈鋸—鼓勵性談話

D大學入學考試—吊帶

可能答案（你的答案可能截然不同）：

A森林—楓樹—從噴嘴流出製造糖漿用的樹汁—牛被擠奶—牛奶。

B牙醫—牙套與牙根管治療—多種不同程序—利用多次小航段乘風揚帆—航行。

C鏈鋸—修剪樹籬—冬季的花園大掃除—強迫青少年修剪植物—鼓勵性談話。

D大學入學考試—模擬考—教學用的閃視卡片—從前的老師穿著吊帶褲的影像。

五、一群空軍上校及少校接到這條題目：「假如七百英哩長的室外電話線遭到厚達三吋的冰霜覆蓋，致使長途電話中斷，你將如何盡速恢復正常供話服務？」這群士官在二十五分鐘後提出五十三種構想。最好的解決方法是派遣直昇機飛越電話線路上空，讓螺旋槳造成的下沉氣流迅速吹散霜層。

- 試著腦力激盪出以下問題的解答：

你是一家牙刷公司的行銷總監，剛剛接獲通報，由於製造上的失誤，如今有五萬支超額的兒童牙刷庫存。除了刷牙之外，它們還有哪些用途可以做為行銷的施力點？

可能答案：它們可以當作珠寶清潔刷或廚房用具（「清理很難刷到的地方」）進行銷售，或者賣給鞋公司，放到鞋盒裡面當作小型緩衝器。

家裡哪些地方若由直線變成曲線會更好？

可能答案：餐桌桌角、經常破裂的塑膠貓鏟，以及經常夾在雜誌或報紙裡頭的電視遙控器，它們如果既圓且厚，將更容易找到。

晚宴客人在你的孩子們上床之前陪他們玩耍，孩子玩得太亢奮了，以至於睡不著覺。你要怎麼做才能避免情況再度發生？

可能答案：要求客人唸書給孩子聽，而不要跟他們玩。或者，在客人動了上樓看小孩的念頭之前，先把小孩哄睡了。

美國鑄幣廠曾兩度設計一元硬幣——蘇珊·安東尼硬幣與莎卡嘉薇亞硬幣（譯註：Susan B. Anthony是著名的女社會改革家，曾發起女權運動聯盟，Sacagawea則是一名印地安人，在十九世紀初期協助探險隊開拓美國西部），後來因為人們不使用它們而停止鑄造。政府曾斥資數百萬廣告經費，試圖鼓吹民眾使用一元硬幣；就長期而言，一元硬幣比紙鈔更經濟，而且更不易偽造。你能想辦法勸說民眾使用一元硬幣嗎？

可能答案：提供紙鈔換硬幣的誘因，例如小額稅賦寬減；提議以硬幣更換磨損嚴重的紙鈔；大幅減輕硬幣重量；明白這是一場打不贏的仗，告訴財政部別再做無謂的努力。

8 解決問題

現在是運用智能記憶的時候了。知道如何集中精神、強化備忘錄記憶、儲存更多更廣的記憶並延伸連結，在在爲智能記憶提供了原料，但這都只是達到目標的手段而已。智能記憶的最佳運用之道，是用來激發新的洞見、提出創造性觀點，它尤其擅於解決包羅萬象的問題，如同我們前一章所提到的。

問題本質

所謂「問題」，即現實與理想之間的差距，是需要改善的處境。它可以是各種狀況，也許是形而下的，也許是形而上的。問題可以如打開卡住的抽屜那麼簡單，也可以如化解中東衝突局勢那般複雜。它可以如決定結婚對象那樣五味雜陳，也可以如決定是否有時間洗衣服那樣平凡平淡。

原則上，問題若非輪廓分明的，就是定義不清的。輪廓分明的問題具有明確目標，而得到答案所需的一切都唾手可得；你擁有一切必要的原料及工具，只要運用得當即可。

數學題目是輪廓分明的問題之最佳範例。需要解決的問題相當明確，你掌握所有原料——數字，也擁有一切工具——加減乘除和其他數學公式。任何想像得到的做法，早已紀錄在某個典籍內，雖然你也許並不知情。潛在答案構成的母集合不大。而即使你必須考慮各種公式或數字，但你知道答案落在特定的知識領域——即數字。沒有人預期數學題目的解答會被喝倒采。這正是數學題目經常出現在腦筋運動或猜謎書籍裡的原因——它們的答案對錯分明，很容易加以描述與評分。

我們每天都會遭遇輪廓分明的問題，例如計算新浴室的裝潢需要多少壁紙、修理卡紙的印表機、買東西時比較價格，或者決定前往新開張的商店走哪一條路最快。問題的目標明確，我們通常知道如何達到目標。

不幸的是，我們在生活中遭遇的問題，絕大多數（以及幾乎每一個重大問題）都是定義不清的。如果你不能輕易找出問題的解答、資訊以及你可能運用的心智工具，便面臨了定義不清的問題。這類問題讓我們應接不暇：找出存錢或升官的最佳辦法、決定送給某個人什麼聖誕禮物、提出孩子監護權的時間分配方式、決定替孩子縫製怎樣的萬聖節服裝、決定在慰問信裡說些什麼，或者籌備一個驚喜的生日派對。

舉例而言，幸福快樂是許多人的目標之一。但是他們眞正尋找的幸福是什麼？一個人可以用什麼材料「創造」幸福？究竟該怎麼做，其實是非常模糊不清的。眾所週知，讓人們快樂的一個方法，是先讓他們悲慘萬分，然後把痛苦趕走。他們會變得快樂——起碼快樂一陣子。然而，這似乎跟人們祈求幸福時，心中所想像的差之千里。而且，即使人們認爲他們中了樂透就會開心，但是針對樂透彩得主進行的研究顯示，大多數人得獎後並不比得獎之前快樂。不過，沒中樂透似乎也沒能切中目標。

我們的意圖，不是告訴你如何中樂透，而是說明如何理解你面對的問題。若能理解問題，你便朝問題解答或決定是否眞能解決問題而邁出了重要的一步。

搞清楚在你解決問題時，腦中究竟有什麼乾坤，將有助於明白智能記憶的功用所在。這兒有個輪廓分明的問題：一＋一等於多少？首先，你必須將問題從紙上移到你的腦中，在此過程中，你啓動了智能記憶裡代表「一」、「一」與「＋」的元素。對大多數人而言，這個模式輕易勾起了一個解答；「一＋一」啟動你許久以前學會的一個迷你心智，連結到「二」這個答案。套一句平常的說法：你把點連成線了；每一小片拼圖都各就其位。

喏，一＋一＝二這個問題並不具太大挑戰性，但它確實說明了智能記憶在解決問題時扮演的基本角色。你具備的這個迷你心智——「一＋一」連上「二」——已練習得駕輕就熟，因此能自動、迅速且下意識地運作。

這些迷你心智與連結無所不在，正如我們已見證的。另外還有處理「文字問題」的迷你心智，不過你可能不再將它們視爲問題。舉個例子，哪種四隻腳的動物是常見的寵物，而且會搖尾巴？答案是狗。這道題目也具備元素（「四隻腳」、「動物」等等），一個運算符號（「而且」），以及通往答案的連結——狗。正如一＋一＝二，此連結如今也是自然而然的直覺反應了。你甚至可能光讀到一開頭的「四隻腳的動物」，腦中就浮現出「狗」或「貓」的影像，因爲這段話具有強烈的貓狗聯想（而對大多數人而言，馬或鱷魚或犰狳的連結較不強烈）。

但是現在，爲了彰顯智能記憶的控制系統是如何幫忙找到解答的，讓我們提高輪廓分明的問題難度：「一七七六」加「二〇〇一」等於多少？我們選擇這個例子，因爲大多數美國人或許在腦中將「一七七六」視爲一體（譯註：美國在一七七六年獨立建國）。「二〇〇一」這個數字或許也被視爲一體，並非光因爲它是新千禧年的開始或剛過去的一年，或許也因爲史丹利．

庫柏力克（Stanley Kubrick）的同名電影。你不必要創造新元素以理解這道題目，不過，你也無法自動連結到答案。相反的，你必須引進其他迷你心智。某一迷你心智將數字排列如下：

$$\begin{array}{r} 1776 \\ +2001 \\ \hline \end{array}$$

然後請求其他迷你心智執行由右至左的欄位加總（六加一、七加〇，依此類推），得出答案（三七七七）。

此案例出現一次重要的心智換手。你的智能記憶無法找到可以自動產生答案的迷你心智，於是記憶處理管理員接手處理。它找到一個不同的迷你心智將問題切成更小的片段，然後將這些片段輸入與處理「一＋一」問題的同類迷你心智（在此案例中，它們是負責處理「六＋一」、「七＋〇」和「一＋二」的迷你心智）。你仍然運用你的智能記憶進行加總，但過程中得到另一組負責拆解算數問題的智能記憶輔助。你的腦中呈現快速的交替穿梭過程，不斷剪剪貼貼。你或許可以朦朦朧朧地想起兒時學習這些步驟的記憶，可是你的意識如今很可能模糊一片。

學習這些步驟，很像學開車所歷經的過程。舉例而言，如今你恐怕很難感覺在前方車輛駕駛人猛踩煞車時，你有哪些不同的迷你心智乍然驚醒。這些存放在腦中的迷你心智，讓你成爲更優秀的駕駛人。同樣的，具備負責算數的迷你心智，讓你更擅於處理數學問題。當智能記憶受到記憶處理管理員的刺激與延展時，一切問題都以相同方式獲得解決，而且解決得更好。

當心智試著尋找適當字眼來形容你已知的物體或概念時——那種話就在舌尖（tip-of-the-tongue）的感覺，歷經的過程和解決問題的程序殊無二致。當你知道一個字的意義，可是就是想不起來（也就是說，當你的智能記憶無法自動提供解答），記憶處理管理員便接手主控，試著以兩種方式解決問題：它試著找出幫助你搜尋文字的線索，並且出示可能的字眼供心智參考，看看其中是否有符合定義的文字。

以下這項練習，可以說明擁有遺失的或薄弱的連結是什麼感覺。這兒有兩份清單，一份是定義，另一份是字義相符的單字。這些是你大概已知，但不常接觸的字。因此，你對單字本身及其連結的認知相當薄弱，而你下意識的智能記憶很可能無法提供答案，記憶處理管理員必須提槍上陣。你也許可以察覺管理員試圖在文字與定義之間進行配對，因爲這些文字和定義將在你的腦中盤旋，直到配對完成爲止（爲了確保測驗效果，請務必蓋住單字清單，一次只看一個答案）。

定義

1 一場血海深仇，其中，被害人的家屬試圖仇殺兇手或兇手的家人。
2 戴在身上，用來趨吉避凶的護身符。
3 西班牙與南美洲的古硬幣。
4 一種黝黑、堅硬、光滑的火山岩。
5 抹香鯨的分泌物，廣受香水製造商運用。
6 猶太教信徒用來進行聚會儀式的建築。
7 一種甲蟲形狀的埃及裝飾品。
8 天神荷米斯（Hermes）的寶杖，也是醫師或醫學團體的象徵。
9 土耳其人與阿拉伯人使用的短彎刀。
10 由三匹馬拉的俄羅斯雪橇。

答案

1 vendetta（族間仇殺）
2 amulet（護身符）

3 doubloon（達布隆錢幣）
4 obsidian（黑曜岩）
5 ambergris（龍涎香）
6 synagogue（猶太會堂）
7 scarab（聖甲蟲雕飾物）
8 caduceus（蛇杖）
9 scimitar（短彎刀）
10 troika（三頭馬車）

「話在舌尖」現象有許多可能成因。單字在你腦中的印象可能不深刻，過時的字或者源自其他語言的字往往如此。也可能是文字的定義促使記憶朝錯誤的方向尋找單字；這種情況發生在正確途徑很薄弱或不存在，以及其他元素與途徑（甚至是錯誤的途徑）很強烈時。在此情況下，強烈而錯誤的單字與路徑支配著你的記憶，你可能覺得很難強迫心智跳出這條路（造成這種現象的原因之一，就是甚至連錯誤的連結，都可能光靠被啓動而得到強化）。

自發性記憶力在錯誤的地方搜尋時，處理管理員就必須強迫智能記憶往別處探測。它必須抑制受到啓動的強烈而錯誤的單字，你也許甚至得暫時忘掉單字定義，讓所有受到啓動的記憶慢慢平息，以便從頭來過。

當你解決輪廓分明的問題時，這一切都可能會發生，不論它們涉及單一步驟或多重步驟。算數與文字定義問題（屬於單一步驟問題），也許只花幾秒鐘就能解決。多重步驟的問題則可能花幾分鐘或幾小時，因爲它們涉及更多手續。但是所有問題的基本原理如出一轍，智能記憶的角色——尤其是記憶處理管理員的角色也沒什麼不同。

解決定義不清的問題時，也歷經同樣的過程，只是一切都模糊不清，存在著各式各樣的可能性。幸運的是，這正是智能記憶最能大放異彩的狀況。智能記憶可以同時啓動許多意念、喚醒許多連結。然而，太多可能性也許會讓機器動彈不得，或者掩蓋心智可能已經找到的答案。

所以說，要擁有解決各種問題的能力，你必須多方面充實你的智能記憶及其記憶處理管理員。首先，智能記憶必須儲備許多想法，以及想法之間的連結。如果在解決問題的過程中發現儲備不足，便需一邊試圖解題，一邊預備在智能記憶裡加入生力軍，包括添加可以正確處理資訊的迷你心智。

舉例而言，許多人不具備可以處理基本統計的迷你心智，即便我們每天受到統計數字的轟炸。好比說，當你聽到「百分之五十的醫生捨棄另一領先品牌而選擇『易撕』！」你有幾次會這麼想：「嗯，這表示百分之五十的醫生選擇另一個領先品牌，其實沒什麼不同」？透過擲銅板做決定，效果一樣好。

解決問題的第二項條件是，在你著手搜尋答案之前，先壓縮問題的每一個環節。你的記憶處理管理員不具備無窮大的容量，因此需要盡可能侷限它的考量範圍。你手上有哪些資訊？哪些工具或流程？愈含糊的問題有愈多面向需要考慮，因此，縮小解答的搜尋範圍能產生愈高的幫助。

設定解答必須符合的必要條件，是縮小搜尋範圍的方法之一。選擇耶誕禮物時，條件可能是每份禮物不超過二十元金額；安排孩子監護權的時間分配時，條件可能是每次監護期間不超過七天；而在設計孩子的服裝道具時，條件可能是不需要進行縫製。

一家廣告公司的高階主管受委託替美國空軍設計廣告，他面臨了一項定義不清的問題。一開始，廣告內容似乎有無限可能性，廣告公司的創意總監明白這一點。只有在縮小問題範疇之後，才找到致勝的解答：藉由強調其技術來顯示空軍的作爲。總監接著決定，這則廣告將不涵蓋任何一架飛機或任何一位空軍人員，藉此進一步地侷限問題以及可能的解答。「我們不能容許自己順理成章地落入窠臼，」他如此囑咐他的人馬。這家廣告公司得勝的作品，內容是藍點和綠點在雷達螢幕上交鋒，配音說道：「綠點不知道藍點的蹤跡，但是藍點精確掌握綠點的位置⋯可憐的綠點。」

追逐錯誤的解答，是未能縮小或更精確定義問題的危險所在。你可能在徒勞無益的解答上原地踏步，或者訴諸於只會導致問題重複發生的權宜之計。

解決問題的另一項條件，是確保你的思維不至於太封閉。這似乎與第二項條件（侷限你要應付的範疇）牴觸——有時候確實如此。然而，這兩項條件是一體的兩面。你不應該把全然無稽的狀況考慮進來，也不應該目光如炬，以致於忽略了眞正的問題。再說，你也不想過分框限可能情況，以致排除了潛在答案。

一次大戰後，法國人便犯了這項錯誤。歷來，敵軍都是沿東面國界（從瑞士延伸到地中海）的南緣入侵法國。爲了防患於未然，法國沿著南部地區築起馬其諾防線，耗費了無數人力、物力。馬其諾防線是一項技術上的奇蹟，具有超現代的設計，幾乎攻不可破。然而，二次大戰期間，德軍以不同角度看待防線引發的問題。他們認爲眞正的問題在於如何入侵法國，而不在於如何攻克馬其諾防線。於是，他們從北部進犯法國，完全繞過這條防線。也就是說，你不希望潛在的解答，受到過去歷史的束縛。你要爲自己多留一些選擇。

當今某些因足智多謀的敵手而面臨著開放式問題的政府官員，開始產生這樣的了悟。二〇〇一年九月十一日以後，美國陸軍要求好萊塢的電影劇作家（包括《終極警探》及《空軍一號》

的作者)，協助預測可能的恐怖攻擊情節。當風險險惡時，確定你考慮了所有可能性。

關於重新思索眞正的問題所在，一個較平凡的例子，來自一名試圖誘導兒童閱讀的圖書館員的經驗。大聲朗誦是學習閱讀的好方法，但是一間學校的學童不肯當著其他小朋友的面前朗讀，因爲他們擔心讀錯了會很丟臉，他們也不肯念給大人聽，因爲他們震懾於大人的優越能力。圖書館員明白，小朋友們所需要的，是向會表達欣賞的聽眾朗讀，而聽眾其實不需要懂得他們所聽到的一切。於是，她讓孩子們大聲朗誦給一群狗聽。

就這樣，當你著手應付問題時，請遵照這些策略步驟，以確保你的智能記憶能得到最佳運用：

首先，理解問題。問題內容是什麼？你需要應付些什麼？你必須理解自己擁有多大的空間，或者受到多大的限制。

其次，假使智能記憶無法一舉解決整個問題，允許它逐次解決部分問題。讓你的記憶處理管理員幫忙把龐大的問題切成許多小塊。到頭來，此舉如果未能確實得到答案，至少能給你一套解答尋求計劃。

讓你的智能記憶和記憶處理管理員，替一小塊問題尋找答案。

針對問題的每一小塊重複同樣步驟。

最後，當你認爲答案已呼之欲出時，讓答案在腦中排演一遍。假使不管用（不論在你腦中或實際運用），便帶著你對何者不可或缺、何者不切實際的更深刻理解，重頭來過。

在你閱讀如何加強智能記憶與記憶處理管理員的問題解決能力時，請將這些步驟牢記在心。

尋找解答

有時候，答案已存在於你的智能記憶中——這些是可以不費吹灰之力信手解決的問題。我們可能甚至不把它們當成問題，因爲它們實在易如反掌。至於難解的問題，智能記憶也許需要很長時間才能列出各種可能性，並且在找出完善的解答之前苦思腹案。

達爾文爲了解釋他在「小獵犬號」（the Beagle）航海旅程中的所見所聞，與他所知的生物進化本質之間的歧異，掙扎了好幾年。一九三〇年代盛行於英國的觀念，與他在航程中的經歷與觀察相牴觸。儘管如此，其重要巨著《物種源始》的寫作緣起，是當他閱讀別人撰寫的人口論時，突然之間心血來潮。他那模糊不清的問題——如何調和進化、系出同源、天擇和繁衍力量等看似相互矛盾的理論——答案的起源是因爲既有想法和知識在智能記憶中豁然開朗。

儘管天擇演化論被視爲史上最重要的知識理論，但這項眞知灼見不僅乍然降臨達爾文身上，也在另一名自然學家——華萊士（Alfred Russell Wallace）的腦中萌芽，而華萊士對達爾文的想法一無所悉。華萊士在一起遠征途中，因爲感染瘧疾，不得不每天午後躺在吊床上休息。在一段發熱期間，他思索著新物種是如何源起的：「適者生存的概念，霎時閃進我的腦海。」從智能記憶的觀點而論，我們明白一旦大多數必要觀念和連結都各就其位時，兩位學者只需要再多加一個連結就可以解決問題。歷經數年醞釀，答案在靈光乍現的瞬間湧出。

田徑運動最偉大的創新發明之一，出自於一位青少年的孩提記憶。迪克·佛斯貝里（Dick Fosbury）是一名中學跳高選手，採用當時所有跳高冠軍選手沿用的腹滾式跳法。然而，佛斯貝里的腹滾式跳高成績平平，於是他想，如果採用小孩子的剪刀式跳法，是否可以跳得更高？爲了採用新跳法，他還需要調整身體扭動的方式，以及越竿時的角度。他發現最理想的成績，是當他以背越竿、肩膀先著地時產生的。佛斯貝里的教練試圖說服他放棄這種未經驗證的方法，但這名年輕人不爲所動。一九六八年墨西哥市奧運中，「佛斯貝里跳躍」以七呎四吋半的成績打破世界跳高紀錄。佛斯貝里由一個連結勾上另一個連結，一步步邁向開創新局的解答。

需要乃發明之母，因爲唯有需求臨頭時，我們的記憶處理管理員才會有所警覺，急忙敦促智能記憶的其他環節尋找解答。要是一切順利，智能記憶便會進入自動狀態，儘管這種狀態無法充分發揮其潛能，也不會創造能幫助我們的迷你心智。唯有當我們遭遇新的或麻煩的情況，或者明白平時慣用的方法不足以應付狀況時，我們才會在記憶裡尋找不同於以往的做法。

一位朋友在野餐時遇到的拔塞鑽難題，提供了一個範例。她提了一個裝了酒、拔塞鑽和各種碟子、玻璃杯、銀製餐具的野餐籃，提早抵達野餐地點，決定在等待朋友現身之際喝杯小酒。當她試著打開酒瓶時，塑膠做的拔塞鑽把手斷了，只剩下金屬螺旋柄插在軟木塞裡，而軟木塞仍穩穩地留在酒瓶中。她沒有其他拔塞鑽；螺旋柄太小，抓不住也拔不出來。她直覺的念頭是狠狠地往石頭上敲，打破玻璃酒瓶的瓶頸。但是她知道這種做法大概會灑出很多酒，而剩餘的酒會摻入很多玻璃屑。於是她在皮包和野餐籃裡東翻西找，看看有什麼可用的東西。她並不十分確定自己究竟在找什麼，只除了這件東西必須幫忙讓酒從酒瓶中流出。她掃視汽車鑰匙、麵包刀、信用卡、眼鏡和銀製餐具，當叉子映入眼簾時，她的智能記憶找到了連結。在她腦中，她見到了叉子的尖齒插入金屬螺旋柄尾端的洞眼裡。她將叉子尖齒穿入洞眼，轉動叉子方向形成手把，這就是了——完美的解決辦法。

無可否認地，用來示範將搜尋眼光越過顯而易見的事實之外，這個範例略顯微不足道。不過，這就是智能記憶處理所有問題的模式，不論是試著打開酒瓶，或者發現相對論。

從尋找中學習

愈常在記憶裡尋找獨特而完美的解答，找到的答案就愈完善，不論你是否能夠一舉得到理想答案。每一次在模糊的記憶裡尋找問題解答，都能提昇你尋找的技能。假如電腦當機，而你試著釐清故障的原因，你就學到關於硬體與軟體的新知識，以及關於電腦運作方式的新事實與規則。就算你始終沒弄清楚故障的原因，下一回你將擁有更多知識，能夠以更好的方式搜尋答案。

以下兩道題目，示範從記憶裡尋找問題解答，將如何磨練你的問題解決能力。第一道題目是一個經典案例，顯示問題解決能力可以受到怎樣的磨練。

兩根繩子從天花板垂下，一根靠牆，另一根靠近房間正中央。繩子長度只差一點，就可以讓你抓住兩根繩的尾端綁在一起。房間裡還有一張桌子、一把椅子、鉗子、紙鎮和咖啡杯。題目是設法將兩根繩子綁在一起。

試著解決這道題目的心理系學生，首先從顯而易見的答案著手。他們試著利用椅子及桌子拉長伸手可及的範圍，但是就算如此，繩子還是不夠長。大多數學生卡在這裡，束手無策，於是老師「不經意地」拂過其中一根繩子，使它開始產生晃動。對許多學生而言，這是智能記憶銜接迴路所需的線索。他們在一根繩子上綁上鉗子，讓繩子開始晃動，在晃動的拋物線頂端抓住它，然後跟另一根繩子綁在一起。由於老師透露的線索並不明顯，它所引發的連結是在不知不覺中產生的。許多在老師晃動繩索之後才解決問題的學生，發誓是他們自己想出答案的，其實不然。他們的智能記憶找到了這項連結。

看完這道題目以及它的解決辦法，現在看看你是否能更快速、更集中目標地找到答案：

桌上有一根蠟燭、一包火柴跟一盒圖釘。題目是設法將蠟燭黏附在牆上，使它能挺立著燃燒。

即使你想不出解決方法，你大概明白答案涉及以意想不到的方式，運用桌上的某一項物件。你的記憶處理管理員知道面對此類問題，它必須朝不同於以往的方向思索，而你也期待它這麼做。由於你已經準備好處理此類問題，你提取潛在構想並加此測試的速度，也比解決第一道問題更快。雖然你可能想不出答案（例如融化石蠟，讓蠟燭立於圖釘盒一側，再將盒子釘在牆上，充作架子），但你提昇了自己尋找方法、將手頭上的資源和所需達成的目標串聯在一起的能力。

成功摸索出解答，能鞏固關於這項解答的記憶，延遲記憶的衰退。你比較不容易遺忘一個好的解答，因爲當你將它推到心智最前線、給予它全副注意力，並且將它跟好成績的獎賞串聯在一起時，你便強化了它所產生的所有記憶。你在問題與解答細節之間建立了新的連結，有朝一日將能反芻運用。你的記憶網絡變得更強大、更廣泛。你如果不假外助地解決了這兩道題目，你就比較容易記住它們。

思考方式

面對不會自行消失的問題，你必須思索尋找解答的方法。有助於產生解答的思索方式，包括信任直覺、謹慎而創意的思考、運用線索，以及將一連串想法串聯起來。

何時可以信任直覺

有時候，你直覺地認爲自己找到了正確的記憶。直覺往往不只是純粹猜測而已——它也可能是聰明的構想。直覺是迷你心智的產物；它們只是因爲力量不夠強大，無法在我們腦中大聲嚷嚷，因此只好輕聲低語，而這樣的呢喃就是所謂的直覺或直觀。它們的微弱無力，也許出自許多成因：迷你心智或許敏銳而果決，但它只得到微弱或模糊的資訊，因此只能產生毫無生氣的產物；此外，也許迷你心智本身就迷迷糊糊，或者也可能是一串謬誤的想法，而你從未將它從腦中剷除。請試試這道題目（這雖然是道數學題，但它其實無關乎數字）：

你眼前有兩罐滿滿的軟心糖豆，第一罐有九十三顆紅色糖豆與七顆白色糖豆，第二罐有九顆紅色糖豆和一顆白色糖豆。你如果能閉著眼睛挑出一顆白色糖豆，就可以贏得十塊錢，但你必須先決定拿哪一罐的糖豆。你如何將贏錢機率提到最高？

這項問題已在許多學生身上實驗，很多人選擇有一百粒糖豆的那一罐，因爲「他們有個直覺」。他們的直覺來自於許多人都有的一個迷你心智：「數大便是美」。許多時候數目的確愈大愈好，但是此處例外。從大罐子中挑到白色糖豆的機率是百分之七，從小罐子裡挑到白色糖豆的機率則是十分之一，也就是百分之十。那些擁有略通統計學的迷你心智，而且能做一點算術的學生，並沒有受到喃喃地要他們選擇大罐的迷你心智所影響。假使你選錯答案，希望你如今已開始創造更精於統計學的迷你心智。

正確的直覺往往得到某些資訊、事實或經驗的奧援，那是因爲它源於你腦海深處某項曾爲你帶來足夠成就的事物。在選擇任何解決方案的過程中，猜測在所難免——你不可能全盤掌握問題或狀況的所有事實。最有可爲的直覺，觸及你略有涉獵的領域，即使你所知不多。這就是專家之所以「猜」得準的緣故。醫生也許不知道什麼因素造成你的病痛，但有很強的直覺；鑽油人員也許不知道原油深埋何處，但有很強的直覺；警察也許不知道犯案人是誰，但有很強的直覺。

當問題只有單一解答而非多種可能性時，直覺或隱約知情的感覺（feeling of knowing）剴切中理的機會較高。如果被問及：「你知道新德里的人口總數嗎？」，而你一時答不出來，關於自己最後能否找出答案的直覺將會相當準確。大多數人知道自己可以從記憶裡提取哪些資訊；我們知道自己所知的——只是也許知道得不甚明確罷了。

當問題超越我們的知識範疇，直覺就靠不住了。有時候，我們寧可仰賴直覺，而不針對問題狀況徹底思索。尤其當我們認定這不是頭一回遭遇的問題時，特別傾向於依直覺行事。倚賴直覺的另一種可能，也許是因爲我們不願意想得太深，例如當我們得下一個困難的財務決策，或者處理棘手的私人問題時。當出現問題，你的心智會在記憶裡搜尋類似狀況，尋找可比較的事件，以便套用它的解決辦法。心智若找到隱約相關的案例，便會觸發直覺。

以下這個案例，顯示我們如何運用類似但並非完全一致的狀況記憶來產生直覺：

> 想像地表被徹底磨平了，地球於是成了一個完美的球體。一條沒有彈性的繩索沿著赤道纏繞在地球上，綁得結結實實的。現在，想像有人拆開繩索，在繩子上加了兩公尺長度，然後重新沿赤道綑綁，均勻地分配在地表上。這兩公尺在地表和繩索之間造成了多大的間隙？足以塞進一張紙？你的手？一本厚厚的書？可以從中間爬過去嗎？

你也許有這樣的直覺：間隙很小，只容塞進你的手指。你的直覺錯了。多出來的空間略高於一呎，足以從中間爬過去。你的直覺也許奠基你的幾何學記憶：大物體上的小改變幾乎不可察。你假設在環繞地球圓周的繩索上加上幾呎，幾乎不會讓繩索呈現任何鬆垮。儘管你的幾何知識正確無誤，但此處並不適用，因爲它涉及容積而非周長。當你在大容量中添加微量物質——例如幾滴雨落入大海中——其改變是無法察覺的。但是，周長增加會使半徑產生極大的變動，而此變動完全獨立於半徑本身的長短以外。以相似的容量問題爲基礎的直覺並不正確。

並非所有直覺都不足爲憑。許多非常聰明且深思熟慮的人，在久思之後湧出直覺，進而啓發他們得到了不起的發現——愛因斯坦的相對論和達爾文的進化觀，就是兩個例子。只有那些完全未經大腦的直覺，才會讓我們誤入歧途。

超越顯而易見的答案

一九五〇年代，傑克·基爾比（Jack Kilby）是任職於德州儀器（Texas Instruments）的一名年輕電機工程師，當時，全球各地的工程師正爲了解決電路接線問題而絞盡腦汁。問題是，所有複雜的電子儀器，都需要長達數英哩的線路來連結元件。所有人都想盡辦法壓縮線路，藉此解決線路太長的問題。基爾比另闢蹊徑。「我在業界中，還是個無知的新鮮人，其他人認爲不可行的事，我一無所知，因此我沒有排除任何可能，」他說。

基爾比決定完全摒棄纜線，採用一塊焊入部分電路元件的鍺片，然後在鍺片上刻出電路取代纜線。如此一來，他不僅縮小所有零件的規模，也得以在三度空間中運作。基爾比的微晶片讓二十世紀科技出現劃時代改變，也爲他贏得一座諾貝爾獎。

要挖掘你的記憶、讓眼光越過顯而易見的答案，你必須壓抑經常浮上腦際的想法。就多方面而言，這正是創意思考的本質——忽略熟悉的念頭，往更深沉、更模糊的記憶探索。對創意人來說，這種思考方式如同家常便飯，他們對於自己所揚棄的陳腔濫調，以及自己離常軌有多遠，根本渾然不覺。

稍微扭轉顯而易見的概念，是避免掉入窠臼，進而產生創意思維的另一個方法。增一點或減一點、改變顏色、改變尺寸、改變設計或功能、重新排列零件的位置、採用不同原料、試著反其道而行。傑克．基爾比改變電子電路的原料，取鍺而捨銅。

拿一顆檸檬調製檸檬汁，也可以激發創造性的解決方案。數十年來，紐約州的奧思寧市掙扎著改變形象；其形象因此地的一座辛辛監獄（Sing Sing）而世世代代受到渲染。地方領袖希望表現出奧思寧是個適合居住、養育孩子的宜人小鎮，也希望吸引更多商業，但是辛辛的存在是個難以跨越的障礙。因此，地方領袖最近決定從不同的方向著手。他們現在將小鎮推廣為旅遊勝地，正好以監獄為賣點。

英國醫生艾德華．金納（Edward Jenner）將問題轉了個彎，因而發現治療天花的方法。相對於研究染病的病患，他轉而檢查那些沒有患病的人。他觀察到擠牛奶的女工似乎不受天花威脅，但是卻會染上牛痘——天花的遠親，對人體無害，但會產生形似天花的損害。他因此推斷，與牛痘的接觸保護了擠奶女工免於感染天花，導致他創造了第一批疫苗。

答案的線索

當你得到將思緒導向特定記憶或概念的線索時，就能更快找到答案。進行以下測驗，看看線索如何幫助你提取回答問題所需的正確記憶。閱讀每一句話，每句話各花幾秒鐘：

磚塊可以用來擋門。
柳橙可以用來玩接球遊戲。
浴缸可以充當裝雞尾酒的大缸。
手電筒可以用來儲水。
地毯可以充當床罩。
汽球可以充當枕頭。
厚紙板可以充當量尺。
刀子可以用來攪拌油漆。
吉他可以充當划船用的槳。

現在遮住這些句子，盡可能回想每一句話。多數人大約記住一半的內容。繼續遮著句子，閱讀以下線索，再次試著回想每一句話：

刀子
手電筒
磚塊
吉他
浴缸
地毯
汽球
柳橙
厚紙板

這些詞彙應能勾起你的回憶，甚至因爲讓你想起原先記不起來的句子，而帶給你「阿哈」一嘆的短暫瞬間。這就是線索的功能——縮小記憶搜尋範圍，提高找到正確解答的可能性。

線索和你試著回想的記憶綁在一起。它可以繫在某個時間點上——也就是說，在記憶成形的同時見到或聽到某條線索；或者，它也可以透過相同的背景而繫在一起，例如在同樣處境或背景下遭遇某條線索和某個概念。共同的背景可以是重現的經驗：在某個房間學習跳舞，或者跟同學一起死背歷史年份日期，然後當你身處於同一個房間，就能夠記起正確的舞步順序，當你和同一位同學在一起，就可以記起每一個日期。商品設計師爲了改善購物車而尋找靈感時，藉由融入問題情境而找到線索。他們的做法是參觀零售商店，觀察消費者費勁地操縱設計不良的購物車。

有時候，心境也可以構成共同背景的基礎。你也許需要融入當初學習時的情緒。在此狀況中，情緒就成了線索。一項針對酒精對學生之影響的研究，顯示心境作爲線索的力量有多麼強大。在酒酣耳熱之際進行學習的學生，喝醉之後——而不是神智清楚時——較能清楚地回想起書本內容。這項研究也說明了爲什麼在醉醺醺的時候藏私房錢的人，酒醒之後也許找不到錢，但是下回喝醉之後就能找到了。

如果在尋找創意解答時覺得腦筋遲鈍，就必須把釣線索的鉤子拋得更遠更廣。雖然你會釣到許多毫無益處的線索，甚至是那些引你誤入歧途的，但你攪起愈多思緒漣漪，愈有機會切中要害。Hallmark賀卡的創意策略總監在尋找新賀卡創意時，灑下一面巨大的漁網。平常工作時間，她多半待在寧靜的堪薩斯城辦公室裡。當她需要刺激來激發新構想時，便前往生機盎然而多元化的地方——例如紐約——進行獵捕。一天之內，她可能在曼哈頓逛了十六家商店尋找線索，然後帶著兩三個成功構想回家，運用在賀卡之上。

要尋找有助於解決問題的線索，另一種方法是將一系列較微末的線索串聯起來。從你對潛在答案的認識往外推論，藉此將導出答案的一樁樁經驗、知識和資訊片斷整合起來。拿這個不尋常的個案爲例：你試著查出美國本土有哪些地方產米。一開始著手的線索，來自於你對稻米最佳生長環境的記憶——也就是平野、充沛的水分和溫暖的氣候；這些線索將搜尋範圍縮小爲南方各州。接著，你回顧記憶，尋找特別平坦潮濕的南部省份。這時，你很可能猜中答案——路易斯安那。

線索的串聯，是提取你不知道自己具備的概念與記憶的有效方法。它可以幫你尋找解答，也有助於追溯事實、揭露知識。試試你能否瞧出蛛絲馬跡、回答問題：

> 兩人在沙漠中健行，遇上一具離奇的死屍。他身上掛著一個小袋子，裡頭還有水和食物，背上有個較大但是空了的背包，無名指戴著金屬戒指。四周不見任何足跡，平沙無痕，舉目無人，而文明更遠在數英哩以外。這人究竟死於何因？健行者困惑不已。

他們繼續前進，途中，其中一人拿出口袋裡的手帕，但不小心掉到地上。當他望著手帕在地面上飄動時，突然明白了神祕男人的死因。

答案：死者乘降落傘而降。降落傘拉環還套在死者手指上，不過傘身已經吹走了。飄動的手帕，就是引發連結的線索。

檢查答案

判斷你是否運用了正確的記憶解決問題，最好的方法就是看看問題是否獲得解決。我們通常疏於檢查日常問題的結果，因爲我們對部份或暫時的解決方法習以爲常。我們採用效果只能維持一個月的節食計劃，從事價值下跌的投資，忍受寵物破壞家具，設定鬧鐘但上班還是遲到。檢查解決方法是否確實有效，其重要性不僅在於一開始就得到正確答案，也在於確保智能記憶儲存了日後解決類似問題所需的記憶。

檢驗不良的解決方案，將讓你回歸問題解決策略的最原點，迫使你重新檢視問題。一家泳裝廠商試著設計不會鬆垮或褪色的泳裝時，就面臨這樣的處境。問題格外難解，因爲當今的布料受到含鹽或含氯的水侵襲時，很少能維持形狀和顏色的。徒勞無益地嘗試了多種人造纖維後，這家廠商重新思考問題。它調查泳裝消費者，發現有九成泳裝從未下水。女人穿泳裝的目的不是游泳，而是爲了讓人眼前一亮。廠商如今面對一個不同、但比較簡單的問題——設計經得起日曬，而非能忍受嚴酷水質的泳裝。

有時候，我們忽視問題還有更佳解決辦法的可能性，委屈接受眼前的權宜之計，只爲了圖個清靜。我們經常落入這樣的陷阱，不論問題輪廓分明（例如想辦法修補屋頂的漏洞）或定義不清（例如設計更好的員工休假時間表）。兩種情況下，最好的解決之道，往往從更深入理解問題開始。

就連最天馬行空的問題，都需要在你試圖解答之前，接受更嚴格的檢驗。一項針對美術班學生的研究，證實了此種做法的價值。研究中，學生被要求畫出一幅以多種物體爲主題的靜物畫。作品最具創意的學生，不論在作畫之前或期間，都花較多時間思索並重新安排物體的排列。他們不斷「找出問題」，並尋求讓作品更完美的做法。

練習

一、要回答以下題目，你需要搜尋你的知識領域或使用直覺。你能分辨其中差異嗎？

・你能在鉛筆不離開紙張的情況下，以兩條直線連接全部四個點嗎？

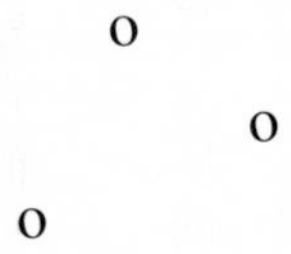

答案：除非你正好知道此類繪圖問題或立刻看出解答，否則你的答案便是直覺。

・你正在辦公大樓裡的一排六部電梯旁等待。你知道哪一扇門會最先打開嗎？你能否運用知識而非直覺來回答問題？

答案：除非顯示器指出這排電梯目前各位於哪層樓，以便讓你縮小挑選範圍，否則你的答案就必須靠直覺了。

・哪個城市的人口較多？加州沙加緬度或德州休士頓？

答案：這道題目可以靠審慎思考或靠直覺回答。如果你直覺認定休士頓的規模較大，你的直覺是對的，它很可能建立在你沒有刻意思索的知識之上。你也許不知道兩個城市的人口，但是假如你知道休士頓擁有的大聯盟球隊多過沙加緬度，也擁有較大的機場，這些事實就能指引你的直覺朝正確的方向發展。

・對以下每組三個字彙而言，有第四個字可以與之成對，你知道那是什麼字嗎？

Playing—Credit—Report

Board—Duck—Dollar

答案：正確答案是「card」和「bill」（連成的字則分別是「紙牌—信用卡—成績單」和

「告示板—鴨嘴獸—一元鈔票」）；答案很可能緣於知識。如果你是文字工作者，或者擅長玩填字遊戲或字謎，你就有足夠的可用記憶讓你產生十足把握。

二、當我們試圖在記憶中挖掘創意解答時，往往會被陳腐的概念移轉了注意力。要突破老舊想法、萌生異乎尋常的概念，也許困難重重。這項練習將幫助你延展記憶的提取能力，得到新奇的想法。

・舉一件日常用品，列出它的各種傳統用途，然後想像出同樣多種不尋常的用法。舉例而言，假如這件物品是一支兩公升裝的塑膠瓶，它的傳統用途包括：接雨水、調柳橙汁、裝迴紋針、裝喝剩的湯、調油漆。不尋常的用途則包括用來當作：玩具保齡球瓶、漂浮裝置、臨時的捍麵棍，甚至溶化成黏著劑、魚缸、燭臺。

・試著以這些用品進行演練：燒壞的燈泡、老舊的網球、光碟片包裝盒。

三、爲了鍛鍊你連接線索、尋找答案的能力，請試試這些題目：

・哪一種野生動物跑得跟馬一樣快？

臭鼬

灰熊

犀牛

紅螞蟻

・十七世紀的歐洲，約有六千萬人死於何種疾病？

愛滋病

天花

痲疹

白血病

・磚牆和厚玻璃窗的主要原料是什麼？

水泥

石墨

矽

沙

・哪一種植物可以在二十四小時內長高三呎？

藍羊茅草

橡樹

竹子

向日葵

・人體的最大器官是什麼？

皮膚

肝臟

心臟

肺臟

答案：灰熊、天花、沙、竹子和皮膚。就算你以爲自己對這些題材一無所知，但假使你答對了，就表示你有能力串聯足夠事實以準確猜出答案。答案的多重選項提供了線索，幫助你尋找正確資訊。線索促使你思考各種可能性，檢查你原本具備的知識，然後得到合邏輯的答案。你提取了關於動物運動方式、疾病的威力及出現於哪一段歷史記載、建築工程、植物外型，以及人體尺寸與形狀等各種知識。

四、這項練習測驗線索可以在多短的時間內對你的智能記憶產生刺激。

・以下十五個單字，全指向它們所共通串聯的一個單字。蓋住這份字串，逐一往下閱讀，每一個字的閱讀時間不超過十秒鐘。你要到哪一個字，才能解出跟它們共通的單字？

1 Times
2 Inch
3 Deal
4 Corner

5 Peg
6 Head
7 Dance
8 Foot
9 Person
10 Town
11 Math
12 Four
13 Block
14 Table
15 Box

說明：許多人接受這項測驗，其中大部分在第十個提示前後得到答案——「square」。連接的詞彙分別是「Times Square」（時報廣場）、「square inch」（平方英吋）、「square deal」（公平交易）、「square corner」（方角）、「square peg」（方釘）、「square head」（笨頭笨腦）、

「square dance」（方塊舞）、「square foot」（平方英呎）、「square person」（老古板）、「town square」（市鎮廣場）、「math square」（數字方塊）、「four-square」（正方形）、「square block」（方塊）、「square table」（方桌）以及「square box」（方盒子）。

五、以下問題各有不只一個答案。雖然可能涵蓋你不熟悉的領域，但請運用提供的線索尋找答案。

倫敦市興建地鐵系統期間，泰晤士河的河水開始滲入為了建造維多利亞站而挖掘的涵洞中。工程人員必須在灌入水泥阻絕滲漏之前，先設法長期堵住滲水，以便有足夠時間挖掘隧道、完成車站與建工程。

可能的解決辦法：凍結滲水，不要堵住縫隙，反之，應試著改變水流方向。

都市公路局面臨的一項問題，是防止青少年在排水溝的平滑水泥面上溜滑板。他們不希望青少年在排水溝嬉戲，唯恐遭到責任訴訟。當局試過在溝渠旁圍籬，但這些小鬼會繞過圍籬而入。他們拉長籬笆，但小鬼們在籬笆中間挖了個洞。他們懸掛標誌，但小鬼們視若無睹。

可能的解決辦法：沿著排水溝鋪設一波波隆起的水泥塊，使排水溝不適於溜滑板。在附近蓋一座滑板公園。

六、以下這段敘述，描寫一個人所做的一連串光怪陸離的事情。然而，一切行動背後，有一個合邏輯的理由。你知道理由是什麼嗎？

莎莉放走一群地鼠，計劃卻在一隻狗出來趕跑牠們時功敗垂成。她接著辦了一場派對，但來賓竟忘了騎他們的摩托車前來。雪上加霜的是，她的音響系統聲音不夠大。隔天，莎莉花一整天找「偷窺狂」，但是沒法在電話簿裡找著。猥褻電話給了她一線希望，直到改了電話號碼為止。最後，還是對街裝上了閃爍的霓虹燈，才達到目的。

解答：莎莉是在想辦法讓討厭的鄰居搬家。

七、當問題看似無解，或是可得的辦法行不通的時候，就必須重新思索問題。試試這種方法：

一名有錢的商人有兩個兒子，兩人都是優秀的馬術師。然而，他們非常好勝，無時無刻不想著超越對方的騎術。父親被他們的爭執弄得很厭煩，因此提議兩人比試一下，一舉定勝負，勝者將能繼承他的全部財產。比賽內容，是從他們家跑到一百哩外的城市。但其中另有轉折：父親規定，馬匹最後抵達終點的孩子得勝。這名父親希望這是一場智能記憶的競賽，而非馬匹的競速。

兩名騎師好整以暇地動身，經過了兩天，他們跑的距離幾乎不到一百碼。孩子們的母親不希望這場比賽持續經年，因此輕聲在兩人耳旁獻計。不久後，他們雙雙快馬加鞭往城市奔馳。他們的母親說了些什麼？

解答：母親指出，比賽的贏家，是馬匹最後抵達終點的人，而不是騎師本身。因此他們交換馬匹，各騎上對方的愛駒。如此一來，首先到達的騎師，其馬匹將最後抵達終點。

9 發揮創意

創造力的根源，就是解決問題時所運用的那一套智能記憶行動，因爲創造力也是在尋找新連結的過程中誕生。許多人認爲創造力和我們的日常行動，是不相干的兩回事。這項誤解，起因於人們普遍相信創造力是一樁值得大書特書的事件，或是一件既新奇又廣受讚美的傑作。那些創造了令人驚嘆的發現或藝術品的天才——例如愛因斯坦與畢卡索，確實煽動了這樣的信仰。然而，創造力其實是我們心智活動的連續體。

雖然這些天才的創意構想，落在光譜的最極端，但是他們的創造過程，和人們平時的作爲並無性質上的不同。創造力可大可小，可平凡也可獨特。每個人一生中，每天都會出現一些創意表現。我們的構想之所以稱得上「有創意」，正因爲它們對我們而言是獨特而有用的。我的大兒子還小的時候，「發明」了拿洋芋片取代塗抹在漢堡上的蕃茄醬，因而開心得不得了。我深感驕傲，但是還是委婉地解釋，在這世上的某個地方，或許已經有人這麼做了。儘管如此，這對他而言仍是一項創意表現——既獨特又有用。

造成創造力被視爲脫離於平常人生活外的另一項原因，是因爲藝術界的大聲疾呼，而人們多半不認爲自己是藝術家。生意人和科學家很少宣稱自己具有創意；「創意會計」這種說法隱然有責難之意，甚至被視爲偷雞摸狗的不法行爲。但不論是藝術表現或日常的問題解決，不論是商業問題或科學挑戰，尋找新的連結，總會產生有創意的結果。

此外，藝術往往只有目標，而沒有有待解決的特定問題。目標也許是讓觀賞者和藝術家本身思考生命的深度，也許是傳達美的感受，或者要震撼我們的感官。也許，只是要想辦法讓我們歡笑罷了。不論目標爲何，藝術品迫使接觸它的人，在腦中產生新的連結。藝術的這項特殊性質——啓發創造者以外的人產生新連結——加深了它對智能記憶的倚賴。要能欣賞藝術品，你必須倚重智能記憶。

大步躍進

不論創造力表達於藝術、商業或科學中，基本元素是兩項構想之間的連結、或一項新的構想、或兩者兼備。你的心智創造了一個新的元素，或在平常格格不入的元素之間找到共同點。連結縱身躍入新的領域，找到著地之處。跳得最遠、最不尋常的，就屬創意連結了。智能記憶無時無刻不在創造新連結，不論是不自覺的，或是在記憶處理管理員的敦促和指導下完成。那些將長距離的意念串聯起來的連結，就產生了創意思維。

邁向創造力的第一步，是尋找心智起跳的最佳地點。從智能記憶既有的原料著手，同時運用其他任何有幫助的踏腳石。也許得多費一點時間、承受一點壓力，你的智能記憶才能找到正確組合。過程可能時斷時續。

然後，連結誕生了，你能感受它的發生。這時，整個連結網絡突然間齊備了，圓圈的缺口補足了。也許花了好幾個月或好幾年的時間才一片片拼起來，但當最後一片落居其位時，思緒瞬間隨著新誕生的連結而湧入，感覺就像大河奔騰一般。艾倫·萊特曼（Alan Lightman）——一位具有高度創意的物理學家兼小說家，在兩個領域都曾體驗創造力迸發的瞬間，他發現「在兩種專業領域裡，『創造力迸發的瞬間』是一樣的感受……當想法、洞察或非正統的領悟瞬間明朗化時，那甘甜愉悅的一刻。」

進入藝術心靈

幾位藝術家描述了他們歷經的過程，有趣的是，他們對創作過程的描述，比對作品本身的著墨更深。他們不厭其煩地敘述準備和尋找的過程，因爲這些元素最費工夫。以下的敘述描繪出藝術家的準備工作，以及他們如何運用智能記憶中原有的連結來激發新的創意。

漫畫家

漫畫家傑克・齊格勒（Jack Ziegler）描述了他的創作過程：

> 當面對空白紙張，我會拿起當日的《紐約時報》，瀏覽每一疊的第一頁，並且做筆記。如果我至少記下了一點……幾乎總能從其中得到一個構想。我就繼續這麼遊手好閒，這兒那兒地到處鬼畫符，直到某項概念開始成型。有時候這些……引入的方向，跟我一開始寫下的文字風馬牛不相及，也許我就這麼畫著，感覺還滿好的。
>
> 有時候，我把自己鑽入牛角尖裡，必須殺出一條生路，而我一直想著，天啊，真希望

把這圖像變成可以運用的東西。

如果《紐約時報》有負使命，我的筆記本上還空無一物時，我就不得不訴諸「做白日夢」這種費勁的辦法；神遊往往一無所獲，但偶爾會挖掘出一兩顆寶石。我持續畫著，自由聯想，讓一件事引到另一件事。

有時候挖到寶，創意開始湧現。偶然出現一個念頭，而這念頭又引向另一個念頭。然而就好像腎上腺素激增那樣，過了一會兒，靈感會漸漸枯竭，當我明白靈感已完全榨乾，我就把這些粗略的塗鴉蒐集整齊，儲存起來。

作家

著名的科幻與奇幻小說作家史蒂芬·唐諾森（Stephen R. Donaldson）描述他的工作方式：

我最出色的故事當中，有許多不是源於一個構想，而是兩個。在這些狀況中，一個構想首先萌芽，它對我的刺激，足以讓我念念不忘；然而儘管它擁有（對我而言）顯而易見的潛力……它只是坐在我的腦海中——往往一坐數年——一遍又一遍地叫喊，「看看我哪，你這白痴。你要是肯看看我，就會知道該怎麼做。」

舉個例子：《湯瑪斯．考佛南特傳》（*Chronicles of Thomas Covenant*）明明白白地建立在兩個構想之上：無信仰與痲瘋。撰寫一個關於無信仰者——全盤否定想像的人——的奇幻故事，這個念頭最早在一九六九年年底萌生。但這顆種子像是睡著一般：不論我怎麼絞盡腦汁，就是無法讓它發芽。一直到一九七二年五月，我才明白，我的無信仰者得是一名痲瘋病患。這兩個構想一旦搭在一起，我的大腦便燃起大火。接下來三個月，我狂熱地做筆記、畫地圖、勾勒角色人物、研究無信仰與痲瘋的意義。然後，我開始寫作。

攝影家與畫家

作家描述起自己的創作過程，最顯得頭頭是道，不過，攝影家、畫家和其他藝術家用來尋找獨特元素或創造絕妙連結的過程，和作家並無二致。理查．艾維敦（Richard Avedon）堪稱最著名的攝影作品——《多薇瑪與大象》（Dovima with Elephants, Cirque d'Hiver, Paris, France, 1955），是將常見的元素——時裝模特兒跟大象——以獨特方式結合在一起的極端範例。

攝影家辛蒂・謝爾曼（Cindy Sherman）在日記中描述她的部分創作過程。和作家一樣，這也是個斷斷續續、在錯誤中摸索、試著找到合適的起跳點與著陸點的過程：「我爲了尋找切入的方向而備受煎熬，我想，我還沒得到靈感吧。我用拍立得照了許多張鬧著玩兒的相片，也許就是這樣才害我無法定下心吧，不過，我喜歡拿它當作『草圖』的這個想法。」

抽象畫家傑克森・帕洛克（Jackson Pollock）因他獨特的技法和原料而名聞遐邇。正如《時代》雜誌所述，他「將畫布攤在地板上，在上頭揮灑顏料、沙和碎玻璃，然後加以塗抹、刮擦……」波洛克試著在智能記憶中，尋找可以著力的新起點。他的創作過程曾被拍攝成影片及相片，我們可以看到他停頓、凝思，然後作畫。可以看出，他的停頓是因爲連結正在接受反芻，而他的心智正在尋找畫布上最完美的一筆。這個過程適用於每一位藝術家和創意思考者，只是原料、方法和目標不同罷了。

關於建立創意連結的心得

如果期望智能記憶找到更富創意的構想，你必須牢記創意人士（如同上述那些經常且刻意尋找新連結的人）提供的幾項心得。

創意連結天生就跟你腦中常用的連結截然不同，如果創意連結可以從我們腦中熟悉的元素和踩得爛熟的途徑中誕生，那麼它一定早就誕生了。所以說，創意辦法有賴於不尋常的元素和不受拘束的思路。

由於元素和連結都非比尋常，你很可能得創造它們；它們恐怕不會坐等著你的運用。你也許已經有一些原料，但你應該明白，你需要從外界儲備更多原料。它們也許在你聽新聞，或在你注視著畫布上的碎玻璃圖形時發生。

儲備過程既費時也費力，雖然所費的力氣也許是順帶發生的。不幸的是，在尋找創意構想的過程中，你無法事先知道應注意和記住些什麼。創意思考者經常在他們的領域之外搜尋，試著得到新鮮的素材與洞見。這也許令人望之生畏，但也讓人精神振奮。懸疑小說作家達許・漢密特（Dashiell Hammett）鼓吹多方閱讀，從宗教到製作玻璃到電漿物理學，無不涉獵。身兼喜劇表演者、演員、電影編劇、舞台劇作家和藝術品收藏家的史提夫・馬丁（Steve Martin），明顯從多項領域既深且廣的知識中，得到幽默與靈感的泉源。

預備接到許多假警報。它們是看似完美的構想，但無法解決你的問題或激起觀眾一絲一毫的興趣。幾乎每一個創意思考者，都預備在找到一兩個眞正有價值的構想之前，得到上百或甚至上千個點子。雖然有計劃、有目標，但也得不斷在錯誤中摸索，如同這幅插畫所表現的：

具備創意和懂得欣賞創意，都源自於優秀的智能記憶。兩者運用同一條心智肌肉，只不過創造者的任務通常不確定性較高，因此運用程度較深。由於創造力有賴於開放式的連結，因此爲創造力設計的練習，不同於其他章節的練習。

練習

一、閱讀這則漫畫時，你的心智創造了哪些連結？什麼概念遭到濫用？有什麼好笑？

「不，星期四不行。『永不』聽起來怎樣——你可以接受『永不』嗎？」

解答：每一個人無疑都希望將討厭的約會盡可能往後延，但是拘於禮貌，我們必須給個特定日期。這則漫畫中，明確約定日期（不過是在遙遠的未來）的觀念，受到「永不」——無限遙遠的未來——這個時間詞所扭曲濫用。

二、**嘗試**完全超乎你正常作息範圍之外的事。走一條不同的路；讓收音機自動「掃描」，收聽最奇怪的電台；看你通常會跳過的有線頻道；聆聽你從沒聽過或無法忍受的人主持的談話性廣播節目。在各個狀況中，試著理解音樂或意見所流露的觀點。

三、懷著得到刺激與樂趣的期望瀏覽書籍。挑一本關於平面設計的書，尤其是一本以激發構想爲目標的書。目前市面上以此爲目的的視覺藝術書籍，包括克勞斯（Jim Krause）的《創意索引》（*Idea Index*，North Light Books，二〇〇〇年出版），以及麥克艾洪與史邁特（McAlhone & Smart）合著的《心中的微笑》（*A Smile in the Mind: Witty Thinking in Graphic Design*，Phaidon，一九九五年出版）。廣告蘊藏了豐富的創意構想，普利根（Pricken）的《創意廣告》（*Creative Advertising: Ideas and Techniques from the World's Best Campaigns*，Thames & Hudson，二〇〇二年出版）是最近一本不錯的參考書籍。

四、無所事事——做白日夢。

五、帶著目的做白日夢。給自己一個問題或一種狀況去思考，但在著手解決之前，先花時間讓思緒圍繞著中心點神遊打轉。

六、許多有用的技巧指南可以用來激發創意思考。這些技巧如今已眾所週知，例如嘗試新的組合、開放式想像（open-ended imagining）以及腦力激盪。一本關於此類技巧的有趣的參考書籍，是佛斯特（Jack Foster）的《如何取得創意》*How to Get Ideas*，Berrett-Koehler，一九九六年出版）。

10 避免心智錯誤

智能記憶不免犯錯。它是由一群強大的腦力工具——我們的迷你心智——所構成，但有時也會喚醒不恰當的迷你心智。智能記憶也許未獲得有關問題的足夠資訊，也許得到錯誤資訊，或者它擁有的資訊過於模糊，無法指出解決問題所需之恰當的迷你心智。迷你心智本身也可能是錯的，或者出現兩個或更多迷你心智彼此牴觸的狀況。強迫智能記憶跑得太快，可能害它在任何一個階段犯錯。當然，現實也許和我們所想像的或預期的不同。以下是智能記憶在運作上可能出現的一些問題。

歸納出錯誤結論

智能記憶有不自覺地歸納事情的傾向，爲了應付我們的日常生活，這種做法是不可避免的。歸納（Generalization）是認知和思維創造力的重要來源，因爲它促使類似的概念產生連結。然而，大家都知道，歸納可以導致錯誤。畢竟，並非所有交通燈號都一模一樣，而人們在不同的光線下看起來也有所不同。當你開始學著識字時，O和Q看起來很相像，經常把你搞糊塗了。你學著讓自己的認知力更敏銳，以便區別兩者的不同。生命中有許多狀況可能混淆不清，但我們並非總是小心謹慎。

案件目擊者的陳述，要屬最戲劇化的案例。光線不良、速度、突如其來和恐懼，都可能改變目擊者對事件的認知和記憶。在一個案例中，一名男子被指控強暴，因爲被害人向警方表示她很清楚地看到加害者的長相。她從嫌疑犯行列中指認出這名男子，很肯定他就是強暴她的人。然而，這名男子具有鐵一般的不在場證明：案件發生當時，他正在進行一場現場直播的電視訪問。詳細詰問之下，警方發現被害人受到侵害前不久，正好在觀賞那場訪問。她顯然將他的臉跟加害者的臉混在一起。在她腦海裡，這場經歷所引發的情緒，已將他的臉歸爲需要爲事情負責的人。

連結失當

智能記憶也許沒有自動產生某個重要的連結，因爲連結也許是薄弱而且遲發的。這是很常見的問題。我們都曾經有過類似的經驗：好主意跳進大腦的時間太遲，已經沒什麼用處了。這種狀況有時會導致很有趣的結果。

一名夜班職員精心設計了一套計劃，準備從他工作的便利商店竊取財物。他拿膠帶封住監視錄影機的鏡頭，然後取出收銀機裡的鈔票，放入垃圾桶中。他打電話報警，表示有人持槍搶劫，而搶匪命令他以膠帶黏貼攝影機鏡頭。他顯然預備在風聲平息之後，再從垃圾桶裡取出財物。然而，他疏忽了一個連結：若要遮住攝影機鏡頭，你不會使用透明膠帶。監視錄影機拍出的畫面雖有點模糊，但足以看出沒有什麼人洗劫這家商店。

有時候，疏於察覺原本很明顯的連結，可能導致悲劇結局。三名在小學服務的維修工人，在工友室裡噴灑清潔溶劑，其中一人接著點燃火柴，也許打算偷抽一根香煙。點火柴的原因永遠不得而知，因爲它引發的爆炸導致這三名工友喪生，十六名兒童受傷。維修工人當然知道清潔溶劑是易燃物，一點火花就可能導致爆炸，然而，他們未能及時得到這項連結。

智能記憶時時刻刻在攝取經驗；這原則上是件好事。你所見、所想或所做的每一件事，都以某種形式存在於智能記憶中，無可抹滅。問題是，對於你向智能記憶提出的問題而言，你的個人經驗有時並非一個好的指引。你的觀點或許過於狹隘，你的經驗也許過於淺薄。

每個人的智能記憶，都涵蓋一群可以立即連結的意念。有些就像「紅燈止步」或「如果露著獠牙的大型凶猛動物開始朝你前進，立即往另一個方向跑開」那般簡單。彼此連結的意念，運作上就像迷你心智——我們腦中持續轉個不停的心智，它們時時刻刻在潛意識裡串聯構想、擺弄問題。人們生而具備許多迷你心智，不過隨著知識和經驗的取得，將會發展更多迷你心智。最複雜的迷你心智是經驗與訓練下的產物，其範例包括賽馬評磅員預測得勝馬匹時採用的加權程序、股票挑選人指認利於投資的股票時採用的程序，或者高爾夫球手挑選合適的高爾夫球俱樂部時採用的策略。比較平凡的例子則像是如此思考的迷你心智：「一件事若能輕而易舉地記起來，必定是件重要的事」，以及「一件事若以同樣方式不斷重複，它將持續重複，直到出現某種改變爲止」。

迷你心智通常是靜靜潛伏著的，直到出現合適的狀況來啟動它們。轉成紅燈的交通燈號，在你還沒能自覺地思考之前，便啟動了囑咐你踩煞車的迷你心智。同樣的，賽馬評磅員、職業高爾夫球員或純熟的編織高手，也許甚至對引起她挑選特定馬匹、高爾夫球俱樂部或毛線顏色的思維渾然不覺。

迷你心智這種潛意識的思維模式，有兩個潛在問題。它們也許在不應運作的時候被喚醒。在熟練的駕駛人眼前閃動紅色燈光，可能觸發他們踩煞車的反射動作，但並非所有閃紅燈都意味著止步。獅子的吼聲會讓我們猛地一跳，隨後才想起牠被關在籠子裡。有時候，在無須理會的狀況中，迷你心智會促使我們產生行動或提出解決辦法。更糟的是，錯誤的反應或想法會牢牢釘在我們腦中，使我們重蹈覆轍。

有時候，迷你心智根本錯得離譜。它們也許在安全無虞的時候感受到危險，或將某些原始的或天眞的想法串聯在一起，這些想法存在於我們的基因之中，但對現代生活而言毫無用處。大多數人對於溫和無害的蛇的反應——一種「打或跑」的反射式直覺——就屬於這種謬誤的想法。另一個例子是一種離奇的想法，相信我們總會在必要時刻凝神專注——例如年輕人開車莽莽撞撞，因爲他們年輕的心中相信自己可以刀槍不入、長命百歲。

慢慢思考的價值

錯誤的思考方式如果沒有受到修正，就會深植於智能記憶中。畢竟，智能記憶最擅長的，就是記住事情。智能記憶本身無法分辨是非，也無法區分合理與離奇的思維。它紀錄每一件事情，留待日後使用。

放慢你的思考速度，是防止迷你心智產生錯誤念頭的一種方法。智能記憶的速度很快，但若是給它更多時間，它就能做得更多。它將能更廣泛地探索你的思想與聯想網絡，因而提高找出正確解答的可能性。

並非所有思考都需要審慎和專注，因爲可能產生的錯誤也許無關緊要。假如你慢吞吞地剖析每一個念頭，恐怕什麼事也辦不成。此外，要是智能記憶萌生讓你高呼「啊哈」的洞見，例如更好的房屋粉刷方法，或是一個創意構想，例如尋找更好的差事的新奇方法，你就不需要反覆斟酌。比起你平常想得到的辦法，新觀點本身也許就是一項進步。然而當後果嚴重且時間充裕時，放慢思考速度可以產生極大的報酬。

舉例而言，閱讀是一件可以從較徐緩的思考而獲益的活動。當然，並非一切閱讀皆是如此——報紙週日的漫畫欄或羅曼史小說，就沒有深入研究的理由——不過，某些閱讀值得投入更多心思。好比操作指令，人們大多像一陣風似地瀏覽而過，然而放慢閱讀速度可能有其好處。如果我們仔細閱讀操作指令，並且在腦中模擬整個程序，理解需要完成的動作，就可以防止問題發生。

想像你受邀上電視參加一場高賭注的遊戲，如果獲勝，就能盡享名聲和財富。你閱讀如下的指令：

> 這是一場雙人對局的遊戲，兩名玩家各有一疊由零到九的數字紙牌，牌面朝下放在兩名玩家面前。玩家各翻開最上面的一張牌，假如兩張翻開的牌總和為十，這兩張牌就會被移出桌面，總和若不等於十，玩家便將翻開的牌插回整疊中，重新洗牌。沒有剩牌的玩家獲勝。

夠簡單的了，但是，你如果仔細閱讀指令，將明白這是一場贏不了的遊戲。由於數字爲零的紙牌，跟其他紙牌的加總永遠不可能爲十，因此永遠無法被取出牌桌。如此一來，桌上永遠至少有一張牌——數字爲零的紙牌。在這樣的規則下，沒有人可以獲勝，這是一場永遠不會結束的遊戲。

迅速思考是智力的顯現。但是聰明的思考者，知道何時該放慢速度。解決問題時，智者的思考速度比別人慢。他們花更多時間分析問題、考慮各種可能方法。針對被視爲「天資聰穎」的兒童以及傑出的大學生進行的研究，顯示他們在解決問題時，思考速度比其他表現稍差的人緩慢。閱讀新素材時，好學生慢條斯理、提出問題，並且一邊閱讀一邊在腦中整理。其他學生急匆匆地掠過新素材，遇到複雜或陌生資訊也不稍微減緩速度。

徐緩而明智的思考者，花時間回想經驗中曾經出現的類似問題及有效的解決辦法。思索問題之際，他們也許將問題重組——拆解問題，思考其中元素；並且以有別於最初的觀點加以設想。這段期間裡，他們一直在記憶中翻箱倒櫃，尋找更多有助於解決問題的資訊。

預期謬誤的出現

你的智能記憶並非從不犯錯的——沒有人的智能記憶絕對可靠。儘管如此，許多人相信自己的想法與邏輯完美無缺。這種常見的現象，與烏比岡湖效應（Lake Wobegon Effect）不謀而合。烏比岡湖是葛里生·凱勒（Garrison Keillor）的廣播劇《牧場之家好作伴》（Prairie Home Companion）故事起源的小鎮，在那裡，每個小孩的資質都在平均水準以上（譯註：故事中，所有家長都自欺欺人地以爲自己的小孩超群絕倫，等到孩子走出小鎮進入眞正的名校，才驚覺自己並無過人之處）。

每個人偶爾都會對自己的心智過程產生扭曲的印象，認爲自己比別人更具洞察力、更正確、更合邏輯。廣泛研究青少年與成人的心理學家發現，這種錯誤的信念是普遍存在的。一群中等的高中學生評定自己的領導力、與他人相處的能力與寫作能力，有平均以上的水準；一群平凡的企業經理人，認爲他們比一般等閒的經理人更優秀；許多足球員認爲他們比其他球員更具「球感」。在一項研究人們對自己薪資的認知調查中，十九%的美國人認爲他們的所得是全美最頂尖的一%。這群人當中，至少有九十五%的人認知錯誤，而另外的五%，也有可能搞錯狀況了。

人們甚至以爲自己比別人更幽默。一群學生拿到幾則經職業喜劇演員評定風趣分數的笑話。給笑話評分之後，多數學生認爲自己辨認趣味的能力優於平均水準。甚至，那些認爲這幾則經過認證的笑話不怎麼好笑的學生，也覺得他們的判斷力高於平均。

正如其他檢驗正確性的研究，給笑話評分最正確的學生，並不認爲他們是正確的。所以說，聰明人之所以聰明的原因之一，是因爲他們比較沒有把握，因此他們比較可能仔細檢查答案。

壓力下思考的危險

智能記憶若被逼得太緊，可能會喘不過氣來。被壓力壓得喘不過氣，在體育界屢見不鮮。

諾佛娜（Jana Novotna）有一回參加溫布頓網球公開賽，在決定性的一盤掌握大幅度領先，這時，她開始擔心輸球，痛苦地覺察著自己的存在，以致於揮拍動作僵硬無比，彷彿初學者一般。她輸了這場比賽。喘不過氣的主因——不論在運動場上或在其他地方，似乎是因爲自覺性注意力干擾了正常的智能記憶應有之平順而自動的流暢性。

只要事關重大——當面對觀眾、競爭、獎賞，或者冒著自尊受損的風險時——就可能出現喘不過氣的現象。它可能在你被推入進退維谷的處境、不得不有所表現的時候突然發作，例如在音樂會中表演的音樂家，或是被老闆臨時抽問的員工。它可能在你玩填字遊戲、輔導青少年作功課，或甚至在緊張的駕駛狀況中發生。我們可能在發現自己鑄下錯誤時喘不過氣，因爲這時我們一心一意擔心著重複犯錯的可能性。害怕自己再度犯錯的那種排山倒海的恐懼，使我們對自己的一舉一動過於自覺，以致於任何技術或知識都消失得無影無蹤。

矛盾的是，解決喘不過氣的辦法是，學著跟演員一樣接受自己的錯誤。如果唸錯一段台詞，忘了它，繼續演下去。運動員談論他們的恐懼與緊張，藉此防止自己喘不過氣。問題解決者可以透過一開始就承認錯誤發生的可能性，防止出現喘不過氣的現象。錯誤在所難免，它們甚至是進步不可或缺的一環。所以要接受它們，然後繼續前進。

好的解答與錯誤的心智過程

有時候，絕妙的解決辦法並非出自傑出的記憶串聯或處理，而是信心的產物。在高通（Qualcomm）股價上漲一千%那年購入並出售該公司股票的投資人，必須明白運氣佔了多大成分。你的冷氣機曾經在你搖晃某個旋鈕之後奇蹟似地恢復運轉嗎？你曾經在服用維他命C之後感冒痊癒，如今你極力推薦這項靈藥嗎？你曾經在立體停車場停車時遇到倒楣事，如今當你必須前往某個重要地方，你會避免使用立體停車場嗎？我們必須謹防將每一個好的解決辦法或每一樁幸運的事，都歸功於我們的智能記憶。有時候，只是運氣使然罷了。

我們可能誤解某個好結果，因爲我們錯把關聯性當作成因——相信由於事件或狀況同時發生，或發生時間相去不遠，它們彼此之間便具有因果關係。我們經常犯下這種錯誤的連結：下雨了，高速公路上發生重大車禍，於是我們假設下雨導致了車禍；我們沒獲得加薪，而新進的經理人剛上任，於是我們假設這名空降經理搶走我們應加的薪水；我們搭乘長程班機，不久後得了重感冒，於是我們假設機艙空氣和擁擠的飛機是導致生病的病源。科學家對於混淆關聯性與因果關係的危險特別敏感。研究人們對藥物的反應時，他們不會直覺假設如果某個人病情加劇或轉好，是因爲他們正好服用了這種藥品。

導致智能記憶犯錯的另一種狀況，是根據有限的經驗提出解決辦法，或是過於仰賴個人知識或經驗。對於不是來自我們自身經驗的資訊，我們很自然會打點折扣。然而，侷限的視野會使智能記憶產生偏斜，導致它在未獲得所有事實，以及在不知道自己出錯的情況下，相信某件事是對的。這就是很難說服小孩騎單車戴安全帽，或者說服年輕人不抽煙的原因。在他們認識的人當中，從沒有人因爲不戴安全帽或抽煙而發生什麼不好的事。因此，他們堅信不會發生壞事。

我在實習階段中，曾經到一家癌症醫院服務。一位病房區的職員有著很重的煙癮。他拒絕往任何一間病房裡瞧。只要他不看，他那明白抽煙是導致肺癌主因的理智，就不會在智能記憶中產生太大影響。他明白一旦看了那些垂死病人一眼，他就得對付一個影響力更深遠的記憶。當然，他的智能記憶在某種道理上也是對的，並非每位癮君子都會因爲抽煙而罹患癌症。不過，他刻意避免在既有知識上附上情緒價值；機率也許很低，但他過於害怕以致於無法接受。

機率的運用

你正在拉斯維加斯賭輪盤。輪盤上有十八個紅格子、十八個黑格子，以及兩個綠格子。你決定賭紅色，但是截至目前爲止，十輪下來，球尚未落入紅格子過。輪盤第十一次轉動時，球落入紅格子的機率有多高？

事實上，每一輪的機率都一樣，取決於紅、黑與綠格子的比例。球落入紅或黑格子的機率是三十八分之十八，稍低於五十％（這就是莊家通常是贏家的緣故）。不論你轉幾次輪盤，或者某種顏色的格子連續中了幾次，機率都不會改變。然而，人們卻總是被完全偶發的連續結果所誤導。

> 要看看你對機率認識多少，請試試這道題目：
> 房間裡有四十個人，其中兩人同一天生日的機率有多高？

事實上，在四十個人裡找到同一天生日的兩個人，機率大約有九十％。機率之所以這麼高，是因爲可能性太多了。這道題目經常用來顯示統計學有可能多麼反直覺。機率急速上揚，因爲任何一組生日都行。

我們的心智在先天上，並不擅於理解隨機事件或機率。我們必須訓練它們明白隨機事件無所不在，以及機率的眞實性有多高。一旦嚴加訓練，我們的智能記憶工具箱裡，就會多了一個強力的、有助於應付各種現代生活狀況的心智工具。

相信隨機事件具有某種模式或邏輯，是一種錯誤的機率思維。所謂的「賭徒謬誤」（gambler's fallacy），是相信偶發事件並非眞正「偶發」，反而相信事件必然遵循某種原則。它認爲在你擲銅板連續擲出十次正面後，擲出反面的機率便會上揚。已育有五個兒子的夫妻，因爲相信生出女兒的機率提高了而決定再次生育，他們就是落入了賭徒謬誤。偶發事件的確遵循某種原則，但是是機率原則。知道這些原則的賭徒，是那些確實贏了錢的人（或者藉由完全不下注而贏錢）。

風險受到錯誤理解，因爲我們讓恐懼扭曲了我們的理解。在熱帶海灘上的人們害怕涉入海水裡，但是被掉落的椰子擊斃的機率，是被鯊魚咬死的十五倍。非洲人死於河馬攻擊的機率，比受到獅子攻擊致死的機率高。人們自己在家燒烤漢堡肉所吃進的致癌物質，比在貨架上買的商品還多。

檢驗結論

你是否躲避測試自己的結論？一名婦人走進醫師診所，聲稱她是個僵屍。醫生試著說服她事情並非如此，說道，「你會走路和說話，不是嗎？」婦人回答，「僵屍也會走路和說話。」醫生又說，「你還會呼吸呢！」婦人表示，「僵屍也會。」醫生想了想，然後問道，「僵屍會流血嗎？」婦人同情地回答，「不會。」於是醫生說，「好，那麼，我打算拿針刺你，讓你明白你是錯的。」他插入針筒，讓婦人大感驚訝的是，血液開始從她的手臂淌出。她轉向醫生宣佈，「我想我錯了——僵屍的確會流血。」

人們有一種自然傾向，只尋找能證實最初結論的「證據」，這叫做「驗證偏差」（confirmation bias）。它可能在不知不覺中潛入你的思維：在尋找資料時詢問誘導性的問題；給予支持結論的論據較重的份量；忽視與你的想法牴觸或反直覺的事實；以及只記住能加強你的信仰的範例或事件。

某些狀況下，我們很自然地檢查犯錯的可能性，因爲我們會得到關於表現好壞的立即回饋。舉例而言，大多數體育活動提供分數讓人查核實際狀況。寫作或舞蹈這類問題解決與創意活動，或許不存在客觀的衡量標準，也或許，人們就是不願意尋求誠實的回饋。

因此，我們必須設法替我們的思維取得這樣的回饋。我們必須效法成熟的思考者，他們刻意尋找方法反駁自己的結論。如果找到反證之道，那麼他們的結論必定失之謬誤。如果無可反駁，則可以對自己的結論更具信心。學習站在議題的正反兩方進行詰辯，是磨練此種思維方式的好練習。著名的散文家馬丁・葛登能（Martin Gardner）寫下自傳之後，又以筆名投了一篇關於這本自傳的評論。這雖然有點開玩笑的成分，但對於專業的思想家而言，也是用來思索議題兩方（甚至是他本人的自傳）的好練習。

沒有人能說服那名自認爲是僵屍的女人，情況其實並非如此。這正是她被判定患了妄想症的原因——沒有任何證據可以改變她的想法。大多數人都患有某種錯覺，只是嚴重程度不同罷了。

愛荷華州洋杉激流市（Cedar Rapids）曾有一名男子，闖入一位二十一歲妙齡女子的公寓。他覺得自己有機可趁，因而搖醒女子，禮貌地要求發生性關係。她拒絕了，於是男子要求約會。她一樣敬謝不敏。爲了擺脫男子，她給了他電話號碼，並安排一次會面機會。男子在現身「約會」時遭到逮捕。審判期間，他的律師問他，「你眞的認爲她還想再見到你嗎？」男子回答，「我無法肯定，這就是我前來赴約的原因。」

聽從常識

有時候，直接答案——取自常識的答案——比迂迴、巧妙而複雜的解決辦法更勝一籌。家父曾說，有些人太過聰明，以致於拙於應付日常生活。這道題目提供了一個很好的例子。

湯姆獨自除草時，需要花兩個鐘頭的時間。弟弟大衛則需四小時才能除完同一片草坪。如果一起除草，所需時間最接近以下哪個答案？

四小時

三小時

兩小時

一小時

如果你的答案是三小時，請再仔細想想。你選擇了兩人的平均工作時數，可是爲什麼兩人攜手合作，會比其中一人單獨除草所花的時間更長呢？兩人一起除草，應能比任何一人單獨工作更快完成。因此正確答案應該是一小時，起碼就以上的選項而言是如此。

可是在眞實世界裡，一小時未必是正確答案。這就是常識發揮作用的地方。如果湯姆跟大衛只有一台除草機怎麼辦？如果兩人同時除草聲音太大了怎麼辦？如果湯姆跟大衛處不來怎麼辦？如果兩人礙著彼此了怎麼辦？雖說人多好辦事，但是經驗告訴我們，在某些情況下，人多反而礙手礙腳，讓事情窒礙難行。一名修車工人可以修復你的引擎，但是讓十個工人修你的車，不見得會修得更快。正如許多生意人學得的經驗，投入更多人力不見得能達到更高成就。

思索構想或解決辦法的實際運用狀況，立可判斷你是否運用了常識。想像自己或其他人將你的構想或解決辦法付諸實行，然後看看它是否經得起考驗。考慮後果是常識的另一項要素。惱人的、甚至悲慘的後果，可能肇因於看似明智的構想。多倫多市一名男子在他二十三層高的公寓清洗餵鳥器時，拿一張椅子墊腳。然而，他選用的椅子裝有輪子。椅子帶著他滑向圍欄邊，並害他墜樓致死。

重新思考問題

智能記憶有時試著一舉解決所有問題，或者追求一鳴驚人的解決辦法。尋找最佳辦法也許有賴於重新思考問題，或者將問題拆解成較容易各個擊破的子問題。

假設現在是凌晨兩點，你的電話鈴響。

「我要點一個大的義大利臘腸披薩，」電話那頭的聲音如此宣佈。

「對不起，」你說，「你打錯電話了，」然後掛掉。

三分鐘後，電話鈴聲再度響起。同一個聲音，「我要點一個大的義大利臘腸披薩。」你怒氣沖沖地咆哮，「這裡不是披薩店，」然後掛掉電話。

又過了幾分鐘，電話鈴又響了。「這裡是胖約翰披薩館嗎？」你一聽，猛地掛掉電話，懷疑自己能否再度入睡。

問題很簡單，但是你的「解決辦法」只有幾分鐘的效力。你並未認清眞正的問題——打電話的人並未撥錯號碼，而是相信你的電話跟披薩店的電話是同一個號碼。告訴他他撥錯號碼了，無法解決眞正的問題。

要拆解一個問題，最簡單的方法就是提出問題。究竟解決或改善了什麼狀況？你能將問題分成許多塊，而每一塊都有自己的解答嗎？你能從任何一個子問題中找到瑕疵嗎？你是否創造或解決了其他問題？你是否擁有尋求解答所需的足夠資訊或知識？根據一般原則，解決兩個小問題比解決一個大問題更容易。

離婚父親的問題提供了一個範例。一名最近離婚的男子，不甘心只能在週末見到他的孩子，可是他的前妻擁有監護權。這項問題由許多元素或子問題構成：這名男子與前妻的關係；他未獲監護權的原因；孩子與母親以及與父親的關係；以及在一週當中拜訪時，整個流程要怎麼安排的問題。這名父親若能先思考問題的各個環節，解決這項問題也許會顯得容易些。舉例來說，他也許發現前妻之所以反對他額外探視，是基於一個可以輕易解決的原因，例如他沒有規劃好如何與孩子共度相處的時間。

就連看似只有單一層面的問題，也能夠加以拆解。想想這個狀況：深夜時分，你隻身駕駛在漫長而冷清的公路上。你聽到奇怪的聲音，感覺車子偏向一側，於是在路肩停了下來。一只輪胎洩了氣，而你求救無門，只好從行李箱拿出備胎跟千斤頂，著手換輪胎。夜色深沉，唯一的光源是朦朧的月光和微弱的緊急手電筒。他小心翼翼地拆下輪胎的螺帽，放在輪圈蓋上。突然之間，一輛車疾駛而過，把輪圈蓋和螺帽吹散了一地。現在，你處在黑暗中，帶著一只洩氣的輪胎陷於荒郊野外，找不到掉落的螺帽，因此沒辦法裝上備用的輪胎。更慘的是，開始下雨了。你該怎麼辦？

儘管爆胎似乎是最主要的問題，但還有另一個麻煩：身陷困境、束手無策。因此，你追求的解決辦法，將取決於你認爲哪一個問題比較緊急。要解決身陷困境的問題，你有幾個潛在辦法：徒步走到加油站；等待其他駕駛人停車援助；或者不管會對輪子造成多大傷害，駕著一只輪胎洩氣的車前往最近的加油站。

如果你認爲輪胎洩氣是比較急迫的問題，你會想辦法裝上備胎。在你拆解問題、將注意力轉向螺帽之際，一個解決辦法浮上心頭。你可以從三個完好的輪胎上各拆下一個螺帽，如此一來，三個輪胎至少各有三個螺帽負責固定，而你也取得三個螺帽來安裝備胎。這樣所能維持的時間，應該足以讓你開車尋求援助。

拆解問題的另一種方法，是從答案的角度切入。從答案往前倒推，看看它是否眞能解決問題。辦法是否眞的有效？它是否只是延緩問題，或將問題推到看不見的地方？它能否達成你最初的目標？它是否切中眞正的問題？

以下的解決辦法，是由一群尋求創投資金的創業家所提議的。你能提出其他潛在答案嗎？

- 問題：如何保護西岸的房屋不受森林大火侵襲？創業家提議的解決辦法是，以一種防火毛毯覆蓋整棟房屋。
- 問題：如何與別人分享臨終者的告別與遺言？提議的答案是一種會說話的墓碑——錄製遺言，放入嵌在幕石上的微晶片中。

這些提議沒什麼不對（不過他們並未得到資金），然而，應該還有更好的辦法，例如在靠近森林的房子上安裝特殊的屋瓦，或者將逝者的遺言錄製成錄音帶，分送給他的至親好友。

我們已列舉了一些心智錯誤的案例，這些錯誤可能會讓功能完善的智能記憶打了折扣。明白你的智能記憶可能犯錯，或指引你往錯誤方向前進，你便能透過監督自己的解決辦法或結論，而在錯誤有機會深植於記憶之前，降低心智錯誤發生的機會。

練習

一、在筆尖不離開紙面的情況下，一口氣以四條直線連接九個圓點。

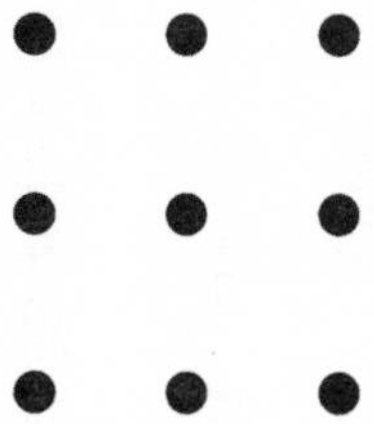

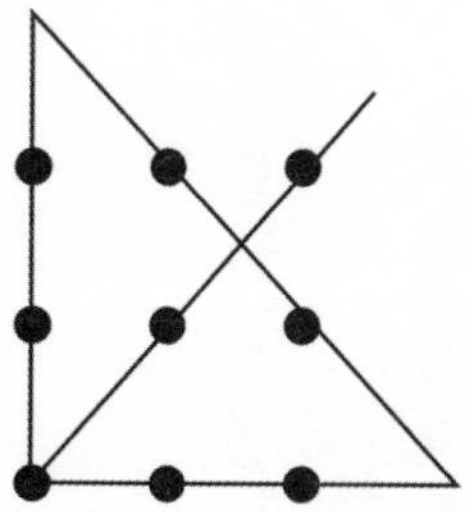

說明：你可以看出，答案要求你超出想像的框框。簡而言之，就是要突破心智界線，不囿於物體的原來功能。

二、以下哪副牌發出的機率較高？

紅心A、紅心K、紅心Q、紅心J、紅心10。

或

黑桃A、梅花7、梅花6、紅磚Q、黑桃2。

說明：兩副牌的機率不相上下。發牌是一種隨機事件，因此，你拿到同花順的機率，跟拿到一無是處的牌一樣高。

三、在以下各組事件裡，何者致人於死的機率較高？

氣喘—颶風

重感冒—梅毒

洪水—兇殺案

維他命中毒—閃電

糖尿病—自殺

說明：以下數據，指的是每十萬人有多少人因它而喪命；黑體字表示發生機率較高。答案是否如你所預期？

氣喘—九二〇，颶風—四四。
重感冒—一六三，**梅毒**—二〇〇。
洪水—一〇〇，**兇殺案**—九二〇〇。
維他命中毒—〇．五，**閃電**—五二。
糖尿病—一九〇〇〇，自殺—一二〇〇〇。

你如果錯估任何一項數字，可能是因爲你的思維受到錯誤的事實所影響。特殊事件的新聞報導（如颶風），也許誤導智能記憶以爲這些事件比實際狀況更頻繁。

四、一個小鎭有兩家醫院。在大醫院裡，每天約有四十五名嬰兒出生，小醫院每天則大約接生十五名嬰兒。大多數人都知道，生男生女的比率是五十比五十，雖然確切的百分比每天都有變化。有些日子裡，出生的女嬰比較多，另一些日子裡，情況又剛好反過來。根據兩家醫院的通報，在一整年期間，兩家醫院都有超過六十%的日子，發生出生女嬰多於男嬰的狀況。你

認爲這段期間裡，除了這六十%的日子之外，哪家醫院通報女嬰出生人數較高的天數較多，大醫院或小醫院？

說明：小醫院。由於出生人數較少，小醫院較可能出現悖離平均數的日子。大醫院每天接生的人數較高，逐日的變動程度就百分比而言會小一點。這經常是造成醫療恐慌的原因之一。假如小鎮上有兩人同時罹患罕見的癌症，有可能只是統計上的波動和巧合，不是因爲水裡的有毒物質。

五、**你正在進行一項減重計劃，以鬆軟的白乾酪當午餐。這項計劃允許你吃三分之二杯乾酪的四分之三。你可以用數學方式計算確實的份量嗎？此外，有什麼實際的衡量方法嗎？**

數學答案：$\frac{3}{4} \times \frac{2}{3} = \frac{6}{12} = \frac{1}{2}$ 杯

或

實際答案：將三分之二杯乾酪倒入圓形模具，切成四等份，拿走其中一份，享用剩餘的乾酪。

六、以下畫面有何弔詭之處？

說明：這張圖畫並沒有眞正大錯特錯的地方，但是你的智能記憶可能誤「看到」獅子追逐斑馬。這張圖違反我們認定誰應該追誰的預期。

11 智能記憶的運用

現在，你瞭解了智能記憶的一切——包括它的內涵與它的作用，但也許懷疑如何將它融入日常生活裡。事情不如你想像的困難——人們每天都這麼做，祇是不自知而已。你的思維也許既快速又出於直覺，以致於你對導致偉大構想的一切記憶與程序渾然不覺。

爲了幫助你掌握智能記憶，我們提供人們如何在家裡、在工作以及在休閒時間運用其智能記憶的範例。在各個範例中，人們提取他們的記憶片斷、製造新的連結，然後以獨特方式組合各種思考過程（例如注意力或擴大的備忘錄記憶），進而得到聰明的解決辦法。

要在日常生活中充分發揮智能記憶的潛能，你需要以略爲不同於以往的方式思考事情、做事情。也就是遵循諸如集中注意力；製造連結；不以第一個方案爲滿，繼續追求更卓越的辦法；拆解問題；對於直覺要三思而後行；以及採取許多小步驟以尋找解決方案等策略。這些思考模式是發動智能記憶引擎的鑰匙——它們能啟動智能記憶。

你將看到，每個人都以獨特於他們個人能力與狀況的方式運用智能記憶。你運用它的方法，取決於你已具備的記憶、連結和心智過程。某個人也許原本就特別擅於尋找類比，藉此解決問題；而另一個人也許是避免思維錯誤或偏差的高手；也許有人覺得檢查結論特別不費力。對每個人而言，提昇智能記憶的途徑，在於對自己的弱點投入更多關注。

要善用你的智能記憶，最好的起步就是停下來思考。著手貫徹一個念頭或解決辦法之前，先停下來想想，以便更仔細地檢驗它；想想其他可能性；檢查投入其中的思維與概念；並且審核結果。每當遭遇你在乎的事情，別忘了停下來想想，不論事關重大，例如掌管家庭預算，或者是比較不礙事的狀況，例如設法讓貓咪不要再抓破傢俱。光這麼做——僅僅停下來思考——就能鍛鍊你的智能記憶。

家居

朋友太多的青少年

佳節期間，蓋兒正值青春期的女兒瑞秋面臨一個窘境。她有三十多個朋友，每個人都爲彼此購置佳節禮品，而瑞秋不知道如何提出毫不遜色的回報。她有許多朋友來自富裕的家庭，零用金比她豐厚得多，而且還有父母幫忙採購禮物。瑞秋雖然經常幫人帶小孩、打零工，攢了一些錢，但她無力替每個人添購禮物。蓋兒跟她的先生當然不算窮，但是他們無法滿足女兒替所有朋友購置等值禮物的念頭。

蓋兒拆解問題，重新定義每個元素。她懷疑瑞秋是否眞有必要送禮物給每一個朋友；她重新替「禮物」下定義，建議瑞秋提供團體禮物，例如開個派對，或者以全體朋友的名義捐錢給慈善團體。另一個構想是仔細盤算，在瑞秋有限的購物基金之下，是否能夠送給每個朋友一項不太昂貴卻又略爲個人化的禮物。自製禮物又是另一個點子，瑞秋也許能烤些餅乾或做些糖果送給朋友。

瑞秋否決這些構想，認爲它們若非不切實際，就是不太合宜。又到了激發更多構想的時候。蓋兒重返問題的元素之一：錢。她思索讓瑞秋賺取足夠的錢購買三十份禮物的方法。估計每份禮物的最低金額是二十美元，不過，她們明白這樣的解決辦法超越瑞秋的能力範圍。既然用買的行不通，蓋兒判斷瑞秋的資金足夠用來自製禮物。瑞秋的廚藝不善，但她也許可以朝別的方向進行。

蓋兒和瑞秋站在這名青春期少女的房間，四下尋找靈感。她們見到又拋棄許多可能性：手工刺繡的靠墊、貼在流言板上的手繪藝術、掛在門廊的小風鈴、蠟燭。蓋兒凝視女兒的電腦，發自電腦的一股微弱的音樂啓發了她。瑞秋的電腦有一個可以燒錄光碟片的裝置，瑞秋了解朋友們的音樂品味，也可以合法地從網路下載免費音樂。她決定替朋友燒錄光碟片，涵蓋她們可能會喜歡的歌曲集錦。這項禮物的成本是負擔得起的，只要花空白光碟片的費用即可。況且，它還多了一項誘人之處，瑞秋可以為每位朋友製作專屬於她們的個人化禮物。受到母親的解決辦法所啓發，瑞秋著手製作她的佳節禮物。蓋兒的智能記憶促使她重新思索問題，進而使潛在答案超越顯而易見或最初的解決辦法，例如設法購買三十多份禮物（這個方向的辦法並不理想）。下一回，瑞秋將可以運用自己已進步了的智能記憶解決問題。

受到啓發的修車靈感

創意專家羅伯．衛斯柏格教授（Robert Weisberg）立即需要一個解決辦法。當他馳騁於州際公路上時，車子的煞車逐漸失靈。只有用力踩煞車，才能讓車子停下來。很不幸，修車廠還在遙遠的距離之外，而他對汽車引擎一無所知。然而幸運的是，他習慣於解決問題。

他打開引擎蓋，發現煞車主缸微閃著白霧並嘶嘶作響。當他把手放到缺口上，嘶嘶的響聲靜了下來，他的手也因吸力而卡在洞口。問題在於——如何找到夠堅固且夠小的物體來蓋住缺口？紙綑太過脆弱；他身邊既沒有用不著的金屬，當然也沒有將金屬切成正確尺寸的切割器。他把手伸入口袋裡，摸到一枚硬幣，他的需求和手邊的兩毛五銅板之間，霎時產生連結。兩毛五的銅板是堅硬的金屬，尺寸剛剛好。在他駕車找到人進行永久性修復之前，這枚銅板巧妙地解決了問題。

保住有情感價值的紀念品

全國各地加強警戒措施，也許讓我們覺得更安全，但也有其不便之處。凱蒂是華府特區的一名駕駛人，她不願意爲了符合絕對安全的要求，而犧牲一件富有情感價值的紀念品。

凱蒂需要換發新駕照，因此搭乘華府特區通勤地鐵（the Metro）前往汽車監理處的城區辦公室。進入大樓時，她面臨一般的例行搜查：搜查皮包的警衛，以及從中間走過的金屬探測器。警衛翻閱她的皮包時，發現她一向隨身攜帶的小刀。他表示凱蒂不能帶著小刀進入大樓，她問警衛是否能在她離開大樓之前代爲保管，但他搖搖頭，指了指大門的方向。

凱蒂不知如何是好。這把瑞士刀是一位老友的贈禮，她決不肯一丟了之。她站在汽車監理處的台階上，瀏覽街道和人行道，試著想辦法處理她的小刀。最簡單的方法——丟進垃圾桶——是不被接受的。她等待著，希望見到認識的朋友，可以替她保管小刀。幾分鐘後，她明白這個點子是行不通的。接著，她想起將小刀藏在台階旁的樹叢裡，但她明白也許有人會看到她藏刀的動作，更糟的是，認爲她舉止詭異而召換警衛。她或許可以誘拐陌生人替她保管，也可以請熱狗攤老闆保管，買一罐礦泉水慫恿他合作。然而此法其中有什麼地方，就是讓她覺得不對頭。

她繼續想著，尋找更好的解決辦法。她的目標是保住小刀，因此需要就近找個可以藏刀的安全處所。她琢磨著這樣的安全處所——它必須避人耳目，最好是可以上鎖、方便、就算要付費也不會太花錢的地方。她的目光停駐在一個投幣式的報紙販售箱，一個連結瞬間就位：將小刀藏在整疊報紙底下。她迅速檢驗腦中的解答。販售箱是鎖著的，人們打開它時，只會領取最上面一份報紙，而她在汽車監理處辦事的幾小時內，這疊報紙應該不會賣光。她在販售箱中投入兩毛五分錢硬幣，取出一份報紙，然後悄悄將小刀塞進最底下的兩份報紙之間。兩小時後，凱蒂帶著新駕照從汽車監理處走出來，又花了兩毛五分錢投入報紙販售箱，取出她的小刀。

癌症恐慌

理解智能記憶，可以幫助我們評估重大醫療決策所涉及的風險。儘管智能記憶的某些部分急著驟下結論，然而其他部分可以帶給我們更合邏輯，而且通常正確性更高的解答。得到正確答案，也許攸關生死。

貝絲是一名三十九歲的婦女，她在年度健康檢查中，發現胸部有一個小腫塊。醫生表示，根據她的年齡與病史，這枚腫塊爲惡性腫瘤的機率是○．○五，也就是二十分之一的機會。醫生建議她做一次乳房X光檢查，貝絲詢問，假使檢查結果不正常，代表什麼意思。她也懷疑就算X光檢查沒出現異常狀況，是否仍有罹患乳癌的可能。

醫生告訴她，在跟她類似狀況的乳癌患者中，有八十%的機會能在乳房X光影像中顯現出疾病。也就是說，乳房X光檢查通常、但非總能偵測出疾病。然而，乳房X光檢查也可能出錯；乳房X光檢測呈陽性結果時，約有二十%的機會是完全不存在癌細胞的。

貝絲做了乳房X光檢查，結果呈陽性。她身心俱疲地離開乳房X光檢測室，確信自己罹患了癌症。一位感情涉入較淺的朋友，向她解釋這項統計數字較正確的意義。

這位朋友向貝絲提出以下範例：想像有一百位跟她類似的婦女，在乳房檢查時出現異常現象。這些乳房檢查異常的婦女當中，每二十人將有一人確實罹患癌症，即一百人中的五人。假如這五位女性一齊做乳房X光檢測，那麼五人之中預計將有四人呈陽性結果，一人呈陰性結果。

然而原本這一百位乳房檢查異常的婦女當中，有九十五人並未罹患乳癌。但她們之中將有十九人基於檢驗的失誤率，而出現陽性的乳房X光檢查結果，儘管她們並未患病。

因此，根據已知的狀況，貝絲確實罹患乳癌的機率為十七％，而非她以為確鑿不移的百分之百。那是因為在原本的一百位婦女中，會有二十三人出現陽性的乳房X光檢查結果（四加十九），但只有四人確實罹患乳癌。因此從截至目前為止所做的檢查來看，眞正罹患癌症的機率是二十三分之四。儘管乳房上有小腫塊、儘管乳房X光檢查結果異常，貝絲仍有超過八十％的機率未患乳癌。

對於未經訓練的智能記憶，機率是很難應付的概念，因為它們往往高度反直覺。這個醫療奇蹟的時代，同時也是機率與可能性無所不在的時代，因此，理解異常的醫療檢驗結果以及機率究竟意味什麼，就成了十分重要的課題，如此一來，你才能明白它們傳遞的究竟是好消息還是壞消息。此外，機率並非代表必然，只是可能性而已；這樣的理解也是十分重要。

再考一次？

茱蒂欣喜若狂。她是一名高中高年級生，剛收到大學入學考試成績，結果遠遠超乎她自己跟老師的預期。茱蒂的總分勝過九十五％的應試者，她以前考過一次，當時的成績落在八十五百分位數。茱蒂的父親同樣喜形於色，他提醒女兒，他早料到茱蒂能在考試中脫穎而出。他相信這分數並非異常現象，而是反映茱蒂能力的正確指標，他希望茱蒂再考一次。他認爲茱蒂正在勢頭上，下一次的表現也許還能更好。

茱蒂很掙扎：更高的成績當然很好，但這一回的成績若是純屬僥倖，而下一回表現不佳怎麼辦？遇到這種狀況，熟悉機率的智能記憶就能提供最佳解答。

在此案例中，答案來自於茱蒂的弟弟，其年輕的智能記憶在棒球統計數字和機率上訓練有素。弟弟談論著他最喜歡的棒球球員：一名本季表現優異的外野手，打擊率三成一，收到一份得到大幅加薪的新合約。弟弟評論道：「他現在最好接受這筆薪水，因爲他再也不會出現如同這一季的表現。」

茱蒂詢問原因。「平均數法則，」弟弟回答，「之前五年，他的打擊率從未超過二成八，因此他明年也許會掉回原來水準。」

茱蒂明白，她的高分數也許就像該名球員一季輝煌的打擊率。她的紀錄是在八十五百份位到九十五百分位之間，儘管她很想相信自己能精益求精，但她真正的實力很可能就在八十五到九十五百分位之間的水準，如果再考一次，成績很可能落入這個範圍。她也可能幸運地突破九十五百分位，但表現不盡理想的可能性較高。明白這個道理，茱蒂就能更明智地決定是否冒險一搏。

工作

管理雜貨店

一家雜貨店因結帳隊伍大排長龍而逐漸流失顧客；人們前來購物，排隊等了一會兒，然後不耐煩地丟下購物車，走出店門。這個問題行之有年，有些顧客甚至不願再進門惠顧。他們站在窗外打量，看到長龍般的隊伍，然後轉往其他地方消費。歷經業績持續下滑之後，店老闆囑咐經理尋找既快速又經濟的解決辦法。

經理提姆開始研究問題。幾天下來，他觀察顧客流動的動線，發現造成結帳速度緩慢的幾項可能因素：某些結帳櫃檯特別慢；一天當中某些特定時段生意特別好，但結帳櫃檯的數目大致維持固定；另外，某些食品造成櫃檯阻塞，因爲它們沒貼價格標籤。

每個子問題各激發一個部分解答：提姆可以訓練櫃檯人員加快工作速度；他可以在特別繁忙的時段加開幾條線，尤其是各種快速櫃檯；另外，他可以指派一位店員專門負責在出現問題時檢查價格。另一個可能性是提昇店裡的掃描機，達到更快速的技術。這一切解答，都以加速顧客通過結帳櫃檯爲目標。

提姆將思緒轉向新方向。或許問題的源頭不在商店，而在於顧客。或許顧客購物時慢呑呑的、沒有效率。或許有必要訓練顧客，或至少建議他們如何更迅速地通過隊伍。另一個方向是改變顧客對問題的認知，藉由舒緩顧客排隊時的不耐煩，經理可以將顧客腦海中的問題降至最低。

提姆決定就商店問題和顧客問題雙管齊下。他在尖峰時段增加快速結帳櫃檯，也設法在等候時間娛樂顧客，像是分發食品樣品，或者在結帳櫃檯旁設置貨架，吸引顧客繼續消費。另外，藉由在非尖峰時間提供特別促銷和折價券，他也將一整天的顧客人潮平均分散開來。

商業問題往往是典型的定義不清的問題，具有各種變數，問題中還有更小的子問題，而且找不到絕對的正確答案。我們經常追求單一的、一擊中的的解答，疏於思索許多較小的解決之道。然而面對定義不明的多層次問題時，最佳解答也許是多項解答的組合。

另謀高就

羅勃是一家大型汽車公司的高階主管，他碰上一個轉折點。儘管這份工作已做了許多年，樂在其中，而且薪水和同仁都好極了，但他痛恨他的上司。幾年下來，他想盡辦法改善情況；他曾調任其他部門，但後來又回到原來的職位；他設法安排自己的工作時間，盡量少跟上司的工作時段重疊。儘管如此，隨著高階主管的職責日益加深，他跟上司的接觸也愈來愈頻繁。他受夠了，動了辭職的念頭。他聯絡獵人頭公司，請他們在他的老本行內尋找另一份工作。

幸運的是，羅勃向妻子透露他的計劃。她指出，他跟上司的問題雖然可以透過離開公司而解決，但換個角度想，假使上司離職的話，問題同樣能獲得解決。那或許是個更好的辦法，因爲如此一來，羅勃就能在他所熱愛的工作上得到晉升。

當然，羅勃要求獵人頭公司協尋的工作，正是符合其上司資歷的工作。隔天，羅勃致電獵人頭公司，收回他的名字，並將上司的名字提供給對方。當獵人頭公司打電話給羅勃的上司，詢問他是否有興趣另謀高就時，那人表示他一直有離職的念頭。這名高階主管的問題，終於在上司離職時獲得解決。

這是重新思索問題的經典案例。單靠重新思索眞正的問題，往往就能指出解答的方向。

聰明的清潔隊員

佛羅里達州塔拉哈西市的收垃圾工作，原本需要每週一次挨家挨戶收取垃圾桶、將垃圾倒入卡車，然後把垃圾桶送回各家各戶去。每次收垃圾都需要兩趟功夫——一次取垃圾桶，一次將垃圾桶放回去。這種方式非常耗費人力。清潔隊員多半是剛從高中畢業的年輕人，這項工作又苦又熱，因此人員流動相當頻繁。收垃圾的工作向來是這麼做的，因此似乎從沒有人動過改善的念頭，直到一位年紀較長的先生——姑且稱他喬治——加入清潔隊爲止。

喬治跟大夥兒一樣來回地搬運垃圾桶，其他人在工作上遭遇的實際狀況，他也無可倖免。其中一項實情是，垃圾桶的擁有人是市政府——而非屋主。另一項實情是，每一個垃圾桶看來都一樣。由於市政府擁有所有垃圾桶，屋主並未在垃圾桶上貼上任何個人標誌。

喬治於是在這些事實之間，做出其他人沒想過的連結。由於所有垃圾桶都相同，沒有必要送回每一家原有的垃圾桶；只要送回清空的垃圾桶即可。在這項領悟之下，喬治可以帶著上一家清空的垃圾桶走進院子，取出滿滿的垃圾桶，帶回卡車，然後將清空的垃圾桶送到下一個住宅。唯一多出來的工作，是在一日結束之際，必須將一只清空的垃圾桶送回路線上的第一間房子。基於這項洞察，喬治將清潔隊員必須走的路減少了一半。

喬治的新構想，不需要求智能記憶取得任何新資訊。它利用已知事實創造新連結。所有人都知道市政府擁有垃圾桶，而每個垃圾桶都一模一樣；沒有人認爲屋主跟他們的垃圾桶建立了特別的感情，也沒有人喜歡在佛羅里達的熱天氣裡兩度往返同一間屋子。但其他人還是認命的工作著，沒想過是否有更好的方法，也沒試著思索出更好的方法。

也許喬治之所以思索這個問題，是因爲他年紀較大，跟年輕人小夥子比起來，他對肌肉的勞動興趣缺缺。無疑的是，他藉由質問是否有更省力的工作方式，然後在事實與可能性之間尋找捷徑與更佳辦法，進而運用了他的智能記憶。一旦潛心冥想，新連結自然會點出捷徑。

來自童年的靈感

海軍上尉詹姆斯．布萊德理二世（James F. Bradley Jr.）還任職於軍情局時，曾獻出一計，使美國在冷戰期間佔領超越蘇聯的大幅優勢。時間是一九七〇年，蘇聯人運用水底電纜跟他們的潛艇及海軍艦隊聯繫。美國想盡辦法攔截通訊內容，卻苦無計策，因爲他們查不出水底電纜的確切位置。

布萊德理的靈感出現在半夜三點時分，當時，他還在辦公室裡思考如何強化海軍所蒐集的情報。他任腦筋四處遊蕩，或許做一點小小的個人腦力激盪吧。他想像水底電纜的模樣，然後想起自己在密西西比河沿岸的成長過程，那裡豎立著許多警告標誌：「前有電纜，請勿下錨」。他想，蘇聯是否也在電纜由陸地潛進水中的地方豎立類似的警告標誌？

他聯絡某位熟悉蘇聯海岸的人士，查證他的理論。一九七一年，美國潛艇庸鰈號（Halibut）緩緩駛向西伯利亞海岸，升起潛望鏡，果然看見警告標誌。至此，海軍確定了電纜的方位，並跟著纜線進入鄂霍次克海，在那裡裝上了攔截器。此後九年，美國海軍祕密截取各種蘇聯通訊，包括某些來自其北海艦隊以及情報局的資訊。

遲遲不下班的老闆

時間早就過了下午五點，接待室已一片漆黑，但是許多個人辦公室以及角落的老闆辦公室仍然燈火通明。和平常一樣，老闆仍留在他的辦公室，同樣的，員工們也都各自待在自己的辦公室，但他們是迫於無奈。野心勃勃的員工，或甚至那些不想強出頭的員工都繼續加班，因爲他們不想被人認爲自己比不上老闆認眞。這種狀況造成很深的積怨，員工覺得被迫加班，除了露露臉以外，沒什麼好理由。

資深經理知道這種狀況，也知道人們有多麼不快樂，但他不知如何改變現狀。隨著人員的幹勁與士氣愈來愈低落，他不得不解決問題，於是他開始考慮各種可能性。他可以下令員工回家；他可以叫他們早上晚點上工，以便讓下班後的工作時數不致成了多餘工時；他可以分配更多工作，然後給予休假時數以彌補他們的努力。不過，他也可以朝一個截然不同的方向下手——他可以改變老闆的行爲。

由於經理無法下令老闆回家，他決定深入了解老闆老是滯留辦公室的原因。一天傍晚，這名資深經理步入老闆辦公室，見到老闆把腳翹在桌上，正看著報紙和電視。這並非資深經理預料的景象。老闆神色輕鬆，顯然未將下班時間奉獻在工作上。經理大聲詢問老闆在辦公室待得這麼晚的原因。老闆坦承，他家裡有六個孩子，這是他放鬆心情、聆聽新聞的唯一機會。大概就在這個時候，資深經理腦中閃過一個解決辦法。

他邀請老闆陪他巡視公司裡的辦公室。他們一邊走，一邊拜訪每一間還有人加班的辦公室。大多數員工看來只是半忙不忙的，他們閱讀資料、整理檔案、更新紀錄。一趟巡視下來，資深經理向老闆指出，這些人仍留在辦公室的唯一因素，就是爲了他。這讓他大感驚訝。他全然不知自己的滯留不歸，一直向員工發出訊號。他並不知道員工將他的放鬆時間，解讀爲他們也必須延長工作時間。

在下一次員工會議中，老闆向員工說明他滯留辦公室的原因。他與他們分享他的家庭，以及這麼多孩子造成的混亂局面，還有他多麼享受靜靜讀報紙的時間。最重要的是，他叫他們停止長時間工作，在正常下班時間回家。他知道他們白天很認眞工作，希望他們擁有所需的個人時間及休息。令人大大鬆一口氣的是，人們確實照做了；問題獲得解決。

吸取新概念

艾德．羅伊（Ed Lowe）企圖拓展他們家在密西根州的家族企業——一家五金公司。他販賣鋸屑，作爲工業用吸油材料，可惜因爲鋸屑易燃，以致於沒有太多顧客上門。在油膩的工廠地板上灑鋸屑，往往會提高火災的危險。除了鋸屑之外，他還賣窯燒的黏土，用來吸附溢出的油脂。他曾試著推銷給養雞場，作爲蓋雞舍的材料，但是沒有造成流行。所以當鄰居抱怨貓咪便盆裡的鋸屑會在冬天結凍時，羅伊嚐試了一個新構想。他賣給她一包窯燒黏土，與鋸屑混和在一起。隔週，鄰居上門買更多黏土與鋸屑，並且興沖沖地向她的養貓朋友推薦這項商品。羅伊嗅出市場，包裝更多黏土，然後在包裝上寫下「貓砂」（kitty litter）。

貓砂是個偉大的構想，但是並未一炮而紅。一開始，一包包貓砂乏人問津，於是羅伊請寵物店老闆免費贈送，希望免費的試用品可以讓顧客上鉤。他走遍全國，參加貓展，拜訪寵物店，大力推銷貓砂。羅伊最後以兩億美元的天價賣出他的貓砂公司。

智能記憶可以給你靈感，但是正如愛迪生的名言，若要成功落實構想，仍需九十九％的汗水。

從玩具到藝術

亞歷山卓·卡爾德（Alexander Calder）向來雙手靈巧，就連童年時期也不例外。他利用鐵絲替姊姊的洋娃娃做玩具與珠寶，也替自己做些小玩意兒。他的機械天賦導致他日後研讀工程學，但他並未以此爲終生職志，畢業不久，便開始參加美術班，並參與多項獨立任務。初期的一項任務要求他加入馬戲團，替馬戲團畫些圖畫，刊登在出版物上。

卡爾德最初結合他的馬戲經驗與製作鐵絲玩具的技能，雕塑出一隻鐵絲公雞。此後，他的雕塑世界開始跨入鐵絲做的馬戲表演者。

卡爾德思想上的另一次革命，仍是出自多項連結的融合，這一次，是將鐵絲雕塑與玩具結合在一起。他設計了一些可以輕易移動的活動玩具，非常引人入勝，以致於有機會在紐約一家藝廊舉辦展覽。在此同時，這家藝廊正巧有一項籠中機械鳥的展出。他受這項展覽刺激，開始將他的活動玩具與小鳥展翅的概念結合在一起，創造出第一件可移動的雕塑品，日後被他冠上「活動雕塑」之名。

卡爾德的活動雕塑概念持續延伸，他嚐試各種尺寸，創造出極小和極大的作品。這正是另一組記憶影響其思考的地方。蒙德里安（Piet Mondrian）的畫作通常抽象而氣勢磅礡，構圖往往是許多色彩強烈的矩形方塊。卡爾德受到蒙德里安的色塊所撼動，覺得應賦予它們活動能力。在蒙德里安的影響下，卡爾德的典型作品只在一步之遙——呈幾何形狀的巨大金屬片，在微風中旋轉晃動。如今，他的作品展示於全球各大知名美術館，例如位於華府特區的國家美術館東翼。

卡爾德的藝術歷程，是以概念與連結網絡爲基石的經典範例，他擷取記憶泉源並吸收新知，創造出因創新而馳名的藝術傑作。

挖掘黃金

湯米．湯普森（Tomy Thompson）是個熱愛拆解機器、找出其中運轉原理，然後重新組裝的年輕工程師。他在成長過程中懷有兩個夢想：成爲一名發明家兼海洋工程師。從俄亥俄州州立大學畢業後，他成爲船員，加入一艘爲深海潛水工作者服務的船隻，而這些潛水夫則專門替著名的尋寶人梅爾．費雪（Mel Fisher）工作。湯普森從未停止自我學習，無時無刻發揮著他無窮的好奇心以及對海洋、電腦與機械的知識。他在智能記憶中，塞進他認爲日後必有用處的各種資訊。

跟隨梅爾．費雪工作的經驗，加上他的航海歲月，引領他成爲一名尋寶人，發掘出世上最偉大的沉沒寶藏。一八五七年，價值數億元的黃金隨中美號（SS Central America）自加州金礦區返航時，在卡羅來納州外海沉沒。中美號載運的黃金，大多是嶄新的雙鷹金幣，這些金幣從未在市面流通——它們完美無瑕，具有博物館等級的品質，而這更提高了它們的價值。然而，爲了保持最高價值，它們必須維持完美的狀況，只消一個缺口，就會減損三分之一的價值。

這些金幣靜靜躺在兩千呎深的海底，潛水夫無法抵達，只有水底機器人可以在這種深度下運作。然而機器人挖掘這批寶藏時，勢必會碰傷許多金幣。

湯普森與另一名工程師，將他們的尋寶問題濃縮成最簡單的元素：移動遠距離的、由許多小成分構成的大宗物件，然而不挪動其中任一成分。

他們思索如何安穩地包裹整疊金幣，想出鑄模——例如橡膠塊——的構想。這個構想進一步引導他們得到讓金幣出海的解決辦法。他們在整疊金幣上注入液態矽膠，當矽膠在冷水中固化之後，他們便一舉將整個固態物體挖掘出海。藉由這種方法，他們挖掘出數千枚情況完美的雙鷹金幣。

快速加油

企業和行銷人員老想解決我們不知道自己存在著的問題。他們創造更優越或更方便的商品，試著提昇業績和利潤。在這些目標驅策之下，石油業巨擘艾克森·美孚（Exxon Mobil）公司，開始探索讓人們更輕鬆購買汽油的辦法。如果它的汽油能更輕易購得，顧客將會更滿意，而公司也將賣得更多。

公司的行銷主管檢驗加油與買油流程的諸多層面，他們希望簡化付費方式，因此開始蒐集點子。他們與德州儀器的人員進行接洽，發現該公司具有可以存入顧客與購買資訊的掃描系統以及無線射頻詢答器。他們也得知這種微小的詢答器，幾乎可以嵌入任何物體，而且也可以接受掃描。

行銷人員接著將重心轉向交易機制。他們將構想縮減成三種可能性：名片大小的塑膠卡、鑲在車上的標籤，以及鑰匙墜飾。

他們提出諸如「從皮夾取出一張特定卡片的難易程度如何？」、「顧客對於在車上嵌入詢答器的觀感如何？」，以及「鑰匙墜飾的最佳尺寸與形狀爲何？」等問題。

他們透過消費者研究縮小選擇範圍。顧客不喜歡以收費標籤計費的方法，因爲他們沒有親身參與付費過程；名片大小的卡片不容易找到，而且可能遺失。附在汽車鑰匙上的小卡片最理想，因爲加油的人必須拿著車鑰匙。

經過重塑、修正、測試跟刪除構想，他們提出行銷手法上的一大創新——快速通行證（SpeedPass）。那是一張一又二分之一吋長的塑膠片，可以扣在鑰匙鏈上。它負載持卡人的信用卡資訊，消費者只需在加油幫浦前揮一下卡片，即可購買整缸的汽油。快速通行證的概念，引發多家企業陸續推出輕巧但可以掛在鑰匙鏈上的卡片。

協助電影明星面對痛苦

布萊恩・葛瑞澤（Brian Grazer）是個成功的電影製片，他曾製作《阿波羅十三》、《美人魚》、《鬼靈精》等膾炙人口的作品，而且就職責所在，他必定是個優秀的問題解決者。電影製片面對的問題，包括尋找並網羅作家、推銷構想、籌措拍片資金，以及維持電影明星心情愉快。葛瑞澤最常遭遇的挑戰之一，就是讓明星保持心滿意足，俾使影片能在預定的時間及預算範圍內完成。

在《鬼靈精》拍攝過程中，他就遇上了這樣的問題；這部片子是由金・凱瑞所主演的。爲了扮演鬼靈精，凱瑞必須長時間穿戴精心製作的戲服、畫上複雜的濃妝。整個裝束包括一副厚重、不舒服的黃色隱形眼鏡，凱瑞覺得戴起來痛苦極了。爲了解決凱瑞的不舒適，以及未來可能失去這名明星的潛在問題，葛瑞澤每天探班，陪凱瑞談天。他聘用娛樂人員逗凱瑞開心，在拍片空檔誘他分心，以便讓他繼續戴著隱形眼鏡。然而鏡片仍教凱瑞疼痛不已。

葛瑞澤決定，這副厚重的黃色眼鏡必須留下來。凱瑞也必須留下來——他是個了不起的鬼靈精。由於葛瑞澤已經用盡計策，不知如何讓凱瑞忘記痛苦，他明白這樣的痛苦將會持續下去。他思索誰受過訓練應付折磨。於是，他開始聘用一位前任的海軍海豹特種部隊隊員——一名酷刑專家，教導凱瑞應付痛苦的方法。《鬼靈精》終於在凱瑞配戴著痛苦的黃色眼鏡下，順利拍攝完成。

休閒

試穿室外的長龍

在一家大型百貨公司的試穿室外，一群女人不耐煩地排隊等著。那是一幅亂糟糟的景象，主要因爲在負責監管的小姐史黛西清點每位顧客打算試穿的服裝件數，並且分發相對的號碼牌之前，沒有人可以進入試穿室。塑膠號碼牌掛在試衣間旁的板子上，這是百貨公司用來防止衣服在試穿時「消失」的方法。公司規矩是很嚴格的，沒有人可以在未領取試穿號碼牌的情況下走進更衣室。

然而，史黛西遇到一樁麻煩，隊伍因而停滯不前。隊伍最前端的消費者只要試穿一件衣服，但是一號號碼牌已經全部發光了。史黛西找不到一號號碼牌，她有好幾張二號、三號以及更高數字的號碼牌，但是就是沒有一號的牌子。史黛西在抽屜裡、空的更衣室裡，以及在衣架之間四處尋找。她找不到一號號碼牌，每個人只好苦苦等著。這名顧客似乎跟史黛西同樣困惑，不知如何解決問題。於是他們等待某位顧客走出試衣間，然後繼續搜索。

隨著隊伍愈排愈長，女人們開始大聲抱怨。終於，排第二位的女人解決了這項難題。這位小姐走到經消費者試穿、但未被選擇購買的衣物架旁，隨便挑一件襯衫，拿給那名只打算試穿一件衣服的女人。如今這名婦女手上有兩件衣服，史黛西從板子上遞給她一張二號號碼牌，顧客隱入更衣室；秩序重新恢復。

史黛西和這名只需試穿一件衣服的顧客，都陷入了心智窠臼中。他們墨守成規：一件衣服意味著一號號碼牌。板子上沒有一號號碼牌，他們便束手無策。提出解決辦法的女人反向思索問題。板子上有二號號碼牌，因此，答案就是想辦法給這名顧客另一件衣服，以便讓她有兩件衣服試穿。

吵鬧的公寓

住滿大學生的公寓，其吵鬧和喧囂往往是出了名的，但這並未讓無止盡的音樂轟炸更容易忍受些。假使大樓沒有舍監維持寧靜，房客只好在鄰居加大音量時自行想辦法解決。

艾蜜莉是一名嚴肅的研究生，她對完成作業的興趣，勝過參加派對或跟朋友一起打發時間。所以當搬進樓下的鄰居日夜聽著嘈雜音樂時，她深感苦惱。更讓人無法忍受的是，音樂聲在艾蜜莉就寢之後仍持續不休。

為了改善情況，她的第一個想法是讓鄰居知道這樣的音樂聲困擾著她。她在音量提高時猛踩地板；這只讓噪音稍微降低，不足以恢復寧靜。艾蜜莉接著直接攻擊問題。她走到樓下公寓，要求那女人放低音量。令艾蜜莉驚訝的是，鄰居表示她有隨時聆聽音樂的絕對權利。顯然，尋常的解決辦法不會奏效。

艾蜜莉擴大她的構想範圍。既然說服不管用，也許可以試試某種強制力量。艾蜜莉本人無權無勢，但也許房東或警察可以幫忙。艾蜜莉向房東抱怨，噪音停止了，但不到兩星期，鄰居故態復萌，而房東開始躲她的電話。打電話報警，卻只換來懶洋洋的溫吞反應。

艾蜜莉考慮以噪音淹沒鄰居的噪音，但又想到如此一來，鄰居可能轉而抱怨她。於是，她開始思索如何改變鄰居的吵鬧行為。

這時，她想起鄰居的公寓，格局和她的一模一樣，而她的地板就是鄰居的天花板。這給了艾蜜莉一個既實際又有效的解決辦法。她買了跳繩、設定鬧鐘，然後每天清晨四點在臥室跳繩三十分鐘。當然，艾蜜莉心知肚明，她的臥室就位於鄰居臥室的正上方。艾蜜莉每天清晨跳繩，持續了一週，直到鄰居登門宣告停戰。艾蜜莉同意停止清晨的跳繩運動，鄰居則同意在晚上十一點以後降低音量。

艾蜜莉的經驗顯示智能記憶的處理過程——提取記憶中的資訊片斷（例如跳繩），然後製造新連結（例如在她的地板與鄰居的天花板之間），最後延展並測試新構想——可以創造出解決多層面問題的完美解答。

對等機會

布魯斯．文森（Bruce Vincent）是蒙大拿州鄉村投票人聯盟主席，他應邀向一群都市中產階級學童，發表關於伐木、林業以及自然資源保育的演說。他針對伐木工人的工作以及如何保護森林，發表了一場生動的演講。就在他準備離開教室之際，老師向他表示感謝之意，並提到隔天將有一名環保人士來訪。這名環保人士不僅將發表演說，還會安排學童「認養」一匹狼。

文森立即明白，認養野狼的構想將搶盡鋒頭，使他的演講相形見絀。「我懷疑自己對孩子們所說的每一件事，是否都飛到窗外去了。如果告訴他們伐木會傷害野狼亞佛烈德，他們就會把我的話忘得一乾二淨，」他這樣反思著。

他尋思自己能說些什麼或做些什麼，是可以跟環保人士的演說媲美的。他腦力激盪著。「然後突然計上心來，唯一能比動物更有趣的，莫過於人了，」他說。他提出一個「認養」人的想法，日後演變成文森如今所稱的「供養人兄弟」（Provider Pals）計劃。

透過這項計劃，一百二十五個中學班級分別「認養」一名伐木工、漁夫、礦工、農夫或牧場工人。孩子們透過錄影帶、信件、相片與電子郵件，學習關於他們所認養的人以及其工作。每班級的兄弟每年拜訪學童一次，帶來有趣的謀生工具，例如用來淘金的鍋子，或者用來套馬的繩索。一位兄弟甚至硬拖來一根全尺寸的木頭，然後替孩子們切成一片片。這項廣受歡迎的計劃解決了都市小孩的問題——如何讓他們關注鄉村生活與環保議題，並利用機會教育，讓他們理解這項難題的正反兩面。

運用你的智能記憶

將時間花在提昇你的智能記憶，並且在日常生活中運用它，遠勝過擔心你已淡忘的事實或臉孔。你的智能記憶是少數能與時俱進的能力之一，這使它比一般記憶更有用；一般記憶不僅隨著年紀而衰退，還可以輕易被一隻筆、一張紙取而代之。沒有東西可以取代我們的智能記憶，它是人類最大的長處之一。既然你對智能記憶已有所體悟，就趕緊明智地身體力行吧！

12 你的智能記憶計劃

在日常生活中融入強化智能記憶的練習，並非一件難事。它肯定不像體能訓練那樣困難，部分是因爲你所需要的工具，都已經存在於你的腦中。然而，這項計劃確實需要你事先審愼地思索你的做事方法，並且改變你的思維。

首先，一小步一小步地思考。如你所知，智能記憶幾乎可以運用於任何情境中。它可以處理從日常瑣事（例如解決廚房裡的難題），到不朽偉業（例如啓發一件重大的藝術品）等一切狀況。然而，就實務而言，人們多半沒有這種自負或閒暇——遑論技能——來投入三十年時間，抨擊業已統一的相對論。如果你從較細微、較容易應付且較可能給你立即滿足感的日常問題出發，你將能產生較多進展，並且讓你做好更充分的準備，以便日後承擔大型的專案。

你眼前遭遇什麼問題？你想要一台數位相機，但不知道買哪一種；你的孩子在課業上掙扎，幾乎趕不上班上同學；你買了一張不可退費的機票，但是無法成行；妳先生想要養狗，但是你們倆都不常在家；你的上司要求你提出關於下年度預算的想法；電子信箱裡的垃圾郵件，讓你幾乎無法閱讀有用的訊息。每個人的生活，都充滿了訓練有素的智能記憶可以幫忙更輕鬆解決的問題。

你可以運用筆記本提醒自己持續練習智能記憶，並且和緩地激勵自己。長久以來，筆記本不僅是成功作家和藝術家的祕密武器，更嘉惠了各式各樣的思考家和行動家，例如科學家與生意人。達文西的筆記本之所以名聞遐邇，在於筆記本內紀錄了他逐刻的意念及視覺構想。對於達文西而言，這些筆記本是捕捉匆忙之間產生的念頭，以及提醒自己目標及進度所在的實際方法。不論你是否打算將筆記本公諸於世，或者只是用它紀錄個人想法，你將發現它是個無價的工具。

假使你不喜歡使用筆記本，另一個追蹤意念、刺激思維的方法是，找個可以合作的人，要是找不到，至少找個願意聆聽的人。合作者不論是朋友、親戚，或某個跟你分享特殊興趣的人，例如詩人同儕，都是構想、方向和分析的豐富泉源。對一名聽者說話，是教師用來訓練自己的方法。不過，對於我們大多數人來說，筆記本還是最好的工具。

請記住，你的智能記憶計劃有許多目標或目的。你要試著確保自己得到足夠的激勵、時間與回饋來伸展你的心智肌肉。至於需要多少時間與激勵，每個人情況不同。每天計劃投入十五到三十分鐘是很合理的。這是處理智能記憶類型的問題時，腦筋上軌道所需要的時間，大概也是多數人一天所能投入的最長時間。此外，這樣的時間足以讓你一天天看到明顯的結果，並且因創造了邁向目標的實際進展而感到滿足。訓練在短瞬間運用你的智能記憶，而不是在漫長的時間裡殫精竭慮。把它想像成短距離衝刺，而不是馬拉松。大多數人可以在搭乘地鐵、坐在醫師診所內，或者在等咖啡煮好時，抓住一點時間進行思考。可能的話，挑你知道自己思緒最清明、最暢通的時間。最重要的第一步，就是投入時間強化你的智能記憶。

智能記憶有三大要素需要加強。其中兩項是意念以及意念之間的連結。意念的網路及連結，是你用來創造更佳辦法以及創新點子及想法的原料。第三項要素是批判性思考；批判性思考塑造並遴選思維中的材料，使你有能力辨別哪一種辦法或想法會更具成效。智能記憶的哪一項元素在任何一刻最需要加強，完全視你的狀況而定。

你是否擁有一份無拘無束的想像力，但你的偉大構想似乎永遠只是空中畫餅？也許你需要先加強你的批判性思考。你是否無法自行提出構想，但能輕易從別人的構想中找出漏洞？那麼你也許應該努力延展連結。或許你確實提出構想，但立刻發現其中謬誤。又或許你目前正卡在某個問題之中。你也許需要更活躍的思路、更具創意的解答。給自己短暫的心靈自由，允許你的思維萌芽開花；你可以稍後再修剪它們、駕馭它們。

以下是替智能記憶計劃中的不同部分，助推起跑的一些方法：

一、**提出更多構想**：如果需要更多可能性以進行權衡，你可以將目前使用的資訊片段或元素打散後重組。將流程倒推細想一遍，刪除某個項目、加入全新的要素，或者進行簡化；針對問題製作一份圖解、臚列各項元素的特徵、思索可比擬的問題，或者蒐集更多資訊；接觸新的構想泉源；瀏覽有線電視頻道，收看不熟悉的電視節目，或者打開汽車收音機的掃描功能，然後聆聽你從未聽過的電台；到書店看不同的雜誌或書報；參觀你從未參觀過的美術館；隨意閱覽有用的參考書，例如名言錄、圖鑑字典或者世界地圖集；利用Google在網路上搜尋讓你感興趣的人或事，或搜尋你認為或許跟問題有關的字串；嚐試一件新鮮事——走你未曾走過的上班路徑、與陌生人交談、品嚐異國食物、閱讀你未曾讀過的作家、寫一首五行打油詩，或者逛逛你從未逛過的商店。

二、突破功能固著（functional fixedness）的藩籬：如果你覺得自己固著於某個解答或某種做事方法，可以試著將問題分解成更小的問題。僅僅思考問題較小的部分，重新定義你的目標，或改變辦事的步驟順序。與其思索問題及達成目標的方法，不如試著思考與問題恰恰相反的事物，以及如何阻止目標的達成。利用錄音機收錄你的自由聯想，或者在筆記本上塗鴉。研究常見的物體，例如筆、花瓶或香皂，試著替他們找出不同的用途。檢查你使用的工具，想想可以用什麼意想不到的方式使用它們。

三、尋找不尋常的連結：新連結會在你放鬆對問題的思索時萌生。一種方式是腦力激盪。暫時忘記分析式的思考，暫時忘記問題本身（你的智能記憶不會忘記，所以你不至於完全走岔了）。運用我們先前提過的任何一種方法或者多管齊下，藉此喚醒你的創造力。試著運用視覺輔助器材，瀏覽藝術或攝影書籍，仔細欣賞雜誌裡的廣告，回想你最近看的電影，並且想像出不同的結局。從鄉村及西部歌曲的歌名上，尋找解答的靈感。

四、質疑你的思維：想想你替問題立下的假設，詢問它們是否有效或屬實。在動機、能力或慾望；可得的資源；時間表或排程；或者結果或目標等層面上，你也許做了錯誤的假設。檢查你的思維，揪出可能悄悄溜進心裡的偏見。你的想法或結論也許受到錯誤邏輯、你所見所聞的某人某事，或者先前經驗所影響。偏見不見得一無可取，但是當我們完全沒發現自己的思考正受到偏見支配時除外。想想你追求的目標——它是否仍有追求的價值，或者需要重新修訂？

五、放慢思考速度：想想你歸納出結論所經的心智步驟，詢問其中任何步驟是否涉及直覺、推測或本能。直覺跟其他心智捷徑，往往是未經大腦思索的草率想法，而不是新問題所需的審慎而徐緩的心智過程。停頓一下，也為了確保自己涵蓋了所有已得與可得的問題相關資訊。

六、取得批判性思考工具：即邏輯與機率法則，你的心智工具箱裡，可以也應該存有其中多項工具。然而對多數人而言，幾項一般性原則便足以應付五花八門的問題。處理一般人常見狀況的幾項有用工具包括：記住，事情確實可能碰巧發生。就算機率很低，但是假使有足夠的機會或時間，就連機率最渺茫的事件也可能純粹碰巧發生。留心區分關聯性與因果關係。光因為兩件事差不多同時間發生，不見得表示兩者間存在著因果關係。關於機率的另一項原則是大數法則（Law of Large Number）——當證據（不論來自經驗或研究）

建立在許多案例，而非少數幾個案例上時，便具有較高份量，因為少數案例較可能肇因於巧合。留心「永不」與「一切」等絕對性字眼，記得幾乎任何好事都具有風險，所以幾乎任何行動都涉及取捨。想想這些得失取捨。提防沉沒成本式的推理——你先前投入了多少已無關宏旨；目前掌握了多少，才是你思索問題的正確基礎。

七、檢驗結果：檢查你的解決辦法或答案：它是否立即見效？可否一勞永逸？實際可行嗎？負擔得起嗎？想想你的解決辦法可能導致的結果，起初看似理想的辦法，也許會引發災難般的漣漪作用。一個關鍵問題是，你的解決辦法是否真的是一大進步，或者只是你為了擺脫問題而選擇的權宜之計。檢驗結果的方式之一，就是追本溯源，檢查你一路下來的每一步驟，以確保最終選擇的辦法建立在穩固的基礎之上。

八、別對自己太嚴苛：就連最傑出的思想家，也要淘盡成百甚至成千的構想，才能拾起一個值得繼續深究的念頭。你不可能做得更好，所以，接受過程中無可避免的無效率吧。記得，你的智能記憶在略感壓力（但不要過度壓力）的情況下最順暢；太多壓力會把它封死了（體育界稱為「喘不過氣」）。試著給自己足夠時間，或調整節奏，以便在試著提昇智能記憶時，不需面臨緊急狀況。休息一下，但不是叫你停止思考，而是停止在問題上打轉。記得，就算你的思緒朝截然不同的方向游移，此新方向也許能促使智能記憶更新連結，進而提供更長遠的幫助。最起碼，別期待你的智能記憶在太重的壓力下發揮最大潛能。

九、樂趣也有助於對抗鬆弛的心智：增強智能記憶可能很辛苦，但不必是這種情況。你真正感興趣的一切，你所迷眩的任何事物，你所追蹤的任何線索，都能強化你的智能記憶。

十、開始思考就是了：這是最重要的祕訣。你所做的每一件事都有所幫助；從任何事、任何地方開始。如果你站在巴士站，想想：為什麼人孔蓋是圓的而不是方的？為什麼巴士可能晚到或準時，但從不會提早抵達？背包勝過公事包的好處是什麼？那個人為什麼那樣穿著打扮？人們在讀些什麼？汽車收音機傳來的高分貝聲音是什麼音樂？從你發現自己得閒的一刻，隨時隨地開始吧。

現在就開始！

謝誌

許多人協助我們勾勒《智能記憶》的輪廓。感謝我們的專家讀者、研究員及顧問——妮娜・葛蕾比爾、蘇珊・高爾恩、芭芭拉・傑佛瑞、瓊恩・歐曼、艾迪・史坦、派特・史蒂芬斯，以及瑪莎・齊格。

也感謝我們的經紀人蓋兒・羅斯，謝謝她持續不斷的支持與打氣。感謝我們的編輯珍・凡梅仁以及珍妮佛・艾曼，謝謝她們的耐心以及溫柔的敦促。

我們還誠摯感謝研究員、臨床醫生、問題解決家、藝術家、作家，和其他幫助我們證實智能記憶存在的人。在這些有功的人當中，本書只能提及或舉出微不足道的一小部分。

貝瑞永遠虧欠三個特殊家庭：感謝贊助貝瑞在約翰霍普金斯大學治療性認知神經科學主席

職位的無名氏家庭，他們慷慨地資助了他的研究計劃；感謝令人追念不已的故班傑明．米勒，謝謝班傑明．米勒及其家庭爲了貝瑞的研究計劃，而捐贈給約翰霍普金斯大學的餽禮與資金。

也謝謝他自己的家庭，包括已故的父親柏納德．戈登以及母親白蘭琪，感謝他們灌輸他終身的積極幹勁，培育他追求智識的無畏精神，並且以入世的智慧和深情的批評鍛鍊這兩者的結合。

貝瑞感謝他的妻子瑞妮，謝謝她寬容大度地縱容本書所需耗費的精力，儘管她對上一本書的內容有著完美的記憶（遠遠勝過他的記憶）。

麗莎感謝她的家庭付出的一切：感謝她的姊妹凱西與黛安，謝謝她們在她最需要的時刻陪伴身旁，感謝父親與金妮的掛心與緊張，感謝彼得的游泳祕訣，以及感謝唐尼的幽默紓解。

附註與出處

我們所謂的智能記憶，是從一些向來涇渭分明的領域得到的證據綜合整理而成的。想要更深入探索這些領域的讀者，以下是很好的起點。有關因學習而產生的基本神經突起之神經科學，請參見Fahle及Poggio的*Perceptual Learning*（Bradford出版，二〇〇二年）。內隱的、無意識的記憶與心智活動，曾多次拿來跟外顯的、有意識的部分進行對比。近期幾篇優秀的概要與評論包括：French與Cleeremans的*Implicit Learning and Consciousness*（Psychology Press出版，二〇〇二年）；Kirsner，Speelman，Maybery，O'Brien-Malone，Anderson與MacLeod合編的*Implicit and Explicit Mental Processes*（Lawrence Erlbaum出版，一九九八年）；以及Stadler與Frensch合編的*Handbook of Implicit Learning*（Sage Publications出版，一九九八年）。

較普及的論述有Ornstein的*Multimind*（Houghton Mifflin出版，一九八六年）、Claxton的*Hare Brain, Tortoise Mind*（Fourth Estate出版，一九九七年），以及Bransford與Stein合著的*Ideal Problem Solver*（W.H. Freeman and Co.出版，一九八四年）；這幾本晚近的書籍，內容也觸及日常的思考與創造力。更多關於日常活動所涉的心智過程之近期學術研究方式，可以在Reason的*Human Error*（Cambridge University Press出版，一九九〇年）以及Wohl的*Everyday Thinking: Memory Reasoning and Judgment in the Real World*（Lawrence Erlbaum出版，二〇〇二年）等書中查見。

Halpern的*Thought and Knowledge*（第三版，Lawrence Erlbaum，一九九六年），論及批判性思考的較佳策略。至於某些類似議題的理論性觀點，可參照Baron的*Thinking and Deciding*（第二版，Cambridge University Press，一九九四年）以及Oaksford與Chater合編的*Rational Models of Cognition*（Oxford University Press，一九九八年）。Sternberg編纂的*Handbook of Creativity*（Cambridge University Press，一九九九年）以及Ward、Smith、Vaid合編的*Creative Thought*（American Psychological Association Press，一九九七年），針對創造力進行了科學化的評論。Ward、Finke及Smith合著的*Creativity and the Mind: Discovering the Genius Within*（Plenum，一九

九五年），提出經科學驗證的創意提昇策略。Mankoff的*The Naked Cartoonist*（Black Dog and Leventhal，二〇〇二年）觀點較爲狹隘，但也許讀來更富趣味。Dean Simonton運用歷史研究來探索創意與天賦的計量方式，已有一段時日，其*Genius and Creativity: Selected Papers*（Ablex，一九九七年）集結了他所發表的幾篇專業論文；而他的*Origins of Genius: Darwinian Perspectives on Creativity*（Oxford University Press，一九九九年），則是較爲連貫的論述。

關於我們所援用的、以及你或許用得上的資料，這份清單絕不足以表所有出處來源之萬一；各章節附註的參考出處，將提供更完整的資料細節。當然，我們不見得同意種種資料來源的每一份意見。此外，讀者應明白，技術性論文往往以爭議性較高的話題或論點爲主要焦點，廣受認可的論述，反而難得出現在科學刊物上，正因如此，外行讀者也許幾乎接觸不到這些論點。

引言

如何挑選致勝賽馬：Ceci, S., and J. Liker. 1986. "A Day at the Races: A Study of IQ, Expertise, and Cognitive Complexity." *Journal of Experimental Psychology* 115:255-266.

要求應徵者教他一件他不懂的事：“Working,” *Smart Money*, March 2001, p. 140.

1 智能記憶是什麼？

一個完美範例：Doyle, Arthur Conan. 1887. *A Study in Scarlet.* New York; J. H. Sears and Co.

2 檢測你的智能記憶

華生和福爾摩斯一起去露營：Wardell, D. J. "Funniest Joke." www.wardell, org.

你看得懂這句話嗎？Andrews, S. and D. Scarratt. 1998. "Rule and Analogy Mechanisms in Reading Nonwords—Hough Dou Peapel Rede New Wirds?" *Journal of Experimental Psychology: Human Perception and Performance* 24: 1052-1086.

神經情色：Margolis, S. 2000. *Neurotica.* New York : Bantam Books.

巧言花招：Macsai, G. 2001. *Lipshtick.* New York : HarperCollins.

茹素者：Carlin, G. 1997. *Brain Droppings.* New York : Hyperion.

學生接獲如下指令：Finke, R., T. Ward, and S. Smith. 1992 *Creative Cognition—Theory and Applications*. Cambridge, MA: MIT Press, p. 153.

3 提昇你的智能記憶

然而，它是思維的一大限制：確實的數字仍有爭議，很有理由相信實際上更低，也許在三到四之間。Nelson Cowan在The Magical Number 4 in Short-Term Memory: A Reconsideration of Mental Storage Capacity（二〇〇〇年，*Behavioral and Brain Sciences* 24:87-185）中，提出有力的證據審核。然而就我們的目的而論，確切的極限，比不上極限之存在以及極限出乎意料之外的小這兩項事實來得重要。系統容量有限，是所有思維的一大瓶頸。

4 加強注意力

一項關於注意力的研究：Gordon B. 1995. *Memory, Remembering and Forgetting in Everyday Life*. New York: Mastermedia, p. 275.

佈局模式的記憶‥ Chase, W., and H. Simon. 1973. "Perception in Chess." *Cognitive Psychology* 4:55-81.

芝加哥高中的學生‥Csikszentmihalyi, M. 1992. "Reviews and Response." In *Technologies for the 21st Century*, M. Greenberger, ed. Santa Monica: The Voyager Company, p. 32.

狀況在大專院校內也不陌生‥2003. *New York Times*. January 2.

二〇〇一年，卡內基美隆大學‥2001. *New York Times*. July 31.

太空人傑瑞・林能格爾‥Bush, C. 2001. "How to Multitask." *New York Times Magazine*. April 8.

美國海軍陸戰隊狙擊手的整訓‥2001. "Licensed to Kill: Marine Sniper Waits for the Perfect Moment." *Wall Street Journal*. December 21.

尋找「妮娜」這個隱藏的名字‥ Asimov, I. 1979. *Isaac Asimov's Book of Facts*. New York: Wing Books, p. 54.

許多食品成本過高‥Bransford, J., and B. Stein. 1993. *The Ideal Problem Solver: A Guide for Improving Thinking, Learning, and Creativity* (2nd ed.). New York: W. H. Freeman and Co., p. 138.

雞尾酒會效應‥Wood, N., and N. Cowan. 1995. "The Cocktail Party Phenomenon Revisited: Attention and Memory in the Procedure of Cherry 1953." *Journal of Experimental Psychology:*

Learning, Memory and Cognition 21(1): 255.

照片中看見了誰？Cecil Stoughton, White House/John F. Kennedy Library, Boston, MA.

你是一位公車司機：Bransford and Stein. *The Ideal Problem Solver*, p.156.

注視以下隨意擱置的字母：Lapp, D. 1987. *Don't Forget*. Reading, Massachusetts: Perseus books, p. 4.

幾秒後，一個溫柔滑嫩的聲音：Allen, W. 1975. "The Whore of Mensa." *Without Feathers*. New York: Ballantine Books, p. 35.

5 擴展備忘錄記憶

一陣劇烈聲響：Baddeley, A. 1999. *Essentials of Human Memory*. East Sussex, UK: Psychology Press, p. 67.

文字記憶力測驗：Baddeley, A. 1996. *Your Memory: A User's Guide*. London: Prion, p. 81.

他邁開大步穿越court：Baddeley, A. *Your Memory: A User's Guide*, p.169.

最早發現人類記憶此一特性的心理學家：Miller, G. 1955. "The Magical Number Seven, Plus or Minus Two—Some Limits on Our Capacity for Processing Information." *Psychological Review* 101:2, 343-352.

俄羅斯心理學家‥Luria, A. 1968. *The Mind of a Mnemonist.* New York: Avon Books, p. 66.

匿名S・F・的大學生‥Chase, W., and K. A. Ericsson. 1981. "Skilled Memory." In *Cognitive Skills and Their Acquisition*, J. R. Anderson, ed. Mahwah, NJ: Lawrence Erlbaum Associates, p. 141.

研究人員研究一群服務生‥Ericsson, K., and P. Polson. 1988. "An Experimental Analysis of the Mechanics of a Memory Skill." *Journal of Experimental Psychology* 14:305-316.

坐在燒烤酒吧裡‥adapted from Daneman, M., and P. Carpenter. 1980. "Individual Differences in Working Memory and Reading." *Journal of Verbal Learning and Verbal Behavior* 19:450-466.

這道練習列出各色各樣的物品‥Gamon, D., and A. Bragdon. 1998. *Building Mental Muscle*. San Francisco: Brainwaves Books, p. 136.

方格組成的矩陣‥Gamon, D. and A. Bragdon. *Building Mental Muscle,* p. 127.

聽覺工作記憶‥Baddeley, A., et al. 1975. "Word Length and the Structure of Short-Term Memory." *Journal of Verbal Learning and Verbal Behavior* 14:575-589.

6 儲存更多記憶

關於記憶容量的測驗：Haber, R. 1970. "How We Remember What We See." *Scientific American*, May, p. 105.

高中時代上過西班牙語課：Bahrick H. 2000. "Long-Term Maintenance of Knowledge." In *The Oxford Handbook of Memory*, E. Tulving and F. Craik, eds. New York: Oxford University Press, p.347.

程序其實相當簡單：Branrford, J. 1979. *Human Cognition-Learning, Understanding and Remembering*.Belmont, CA: Wadsworth Publishing Co., p.134.

研究要求演員閱讀：Noice, H., and T. Noice. 1996. "Two Approaches to Learning a Theatrical Script." *Memory* 4 (1): 1-17.

就連記性不同凡響的人：Luria. A. 1968. *The Mind of a Mnemonist*. New York: Avon Books, p. 49.

顯示闡述意義的效果：Bransford. J., and B. Stein. 1993. *The Ideal Problem Solver: A Guide for Improving Thinking. Learning, and Creativity* (2nd ed.). New York: W. H. Freeman and Co., p. 138.

採用此種記憶術：Maguire, E., et al. 2003. "Routes to Remembering: The Brains Behind

Superior Memory." *Nature Neuroscience*. Vol. 6, no. 1, January p. 90.

每對數字：Wilding, J., and E. Valentine. 1996. "Memory Expertise." *Basic and Applied Memory Research: Theory in Context*. Vol. I. Mahwah, NJ: Lawrence Erlbaum Associates, p. 399.

梅爾・布魯克斯和安・班克勞馥：Noice and Noice. "Two Approaches to Learning a Theatrical Script."

專家和新手進行腦部掃描：Groeger, J.. 2000. *Understanding Driving*. East Sussex, UK: Psychology Press.

英國郵差接受打字訓練：Baddeley, A. 1996. *Your Memory: A User's Guide*. London: Prion, p. 27.

備忘錄記憶儲存爲永久記憶：Stickgold, R., et al. 2001. "Sleep, Learning, and Dreams: Off-line Memory Reprocessing." *Science*, Vol. 294, November 2; Heuer, H., et al. 1998 "Effects of Sleep Loss, Time of Day, and Extended Mental Work on Implicit and Explicit Learning of Sequences." *Journal of Experimental Psychology: Applied*, 4(2): 139-162.

以下是兩組題目：Baddeley, A. *Your Memory*, p. 76.

歸入某個類別： Bransford and Stein. *The Ideal Problem Solver*, p. 134.

7 激發連結

兩位互不相識的男子‥Asimov, I. 1971. *Treasury of Humor*. Boston, MA: Houghton Mifflin Company, p. 167.

瓊斯打電話時遇到了麻煩‥Asimov, I. *Treasury of Humor*, p. 69.

理解此類連結的另一種方式‥Adapted from Whitaker, H. 1976. "A Case of the Isolation of the Language Function in *Studies in Neurolinguistics*. Vol. 2. H. Whitaker, ed. New York: Academic Press.

此種思維為我們帶來了馬桶用落地燈‥Manning, A. 2001. "New Meaning to 'Patently Absurd,'" *USA Today*, July 30.

愛迪生‥Simonton, D. 1997. "Creative Productivity: A Predictive and Explanatory Model of Career Trajectories and Landmarks." *Psychological Review* 104 (1): 66-89.

我將要求你運用類推法‥Perkins, D. 2000. *Archimedes Bathtub: The Art and Logic of Breakthrough Thinking*. New York: W. W. Norton and Co., p. 39.

屋頂上的新設計‥Mayer, R. 1992. *Thinking, Problem Solving, Cognition*. New York: W. H. Freeman and Co., p. 367.

富蘭克林設計實驗：Holyoak, K., and P. Thagard. 1995. *Mental Leaps: Analogy in Creative Thought*. Cambridge, MA: MIT Press, p. 185.

建築師法蘭克・蓋瑞：White, S. 2002. *New Ideas About New Ideas*. New York: Perseus Publishing.

婚友社經理：Kurlantzick, J. 2001. "Hello, Goodbye, Hey Maybe I Love You?" *U.S. News & World Report*, June 4.

公司設計一種濕潤的馬鈴薯泥：Halpern, D. 1996. *Thought and Knowledge: An Introduction to Critical Thinking*. Mahwah, NJ: Lawrence Erlbaum Associates, p. 350.

三尖瓣膜：Kelley, T., and J. Littman. 2001. *The Art of Innovation*. New York: Doubleday, p. 48.

轉不動，偷不動：Freeman, A., and B. Golden. 1997. *Why Didn't I Think of That?: Bizarre Origins of Ingenious Inventions We Couldn't Live Without*. New York: John Wiley and Sons, p. 70.

天馬行空的想像力：Bransford. J., and B. Stein. 1993. *The Ideal Problem Solver: A Guide for Improving, Thinking, Learning, and Creativity* (2nd ed.). New York: W. H. Freeman and Co., p. 68.

看到這個類比之後：Dunker, K. 1945. "On Problem Solving." In *Thinking and Reasoning*. 1968. New York: Penguin Books, p. 28.

原則殊無二致：Osborn, A. 1953. *Applied Imagination*. New York; Charles Scribner's Sons, p. 248.

不要一邊開車一邊踩煞車：Parnes S., and H. Harding. 1962. *A Source Book for Creative Thinking*. New York: Charles Scribner's Sons, p. 288.

商品設計公司Ideo的設計師：Kelley and Littman. *The Art of Innovation*, p. 10.

當然，不見得非要入睡：Osborn, A *Applied Imagination*, p.160.

惠烈（William Hewlett，惠普電腦創辦人之一）：2001. *Forbes*, December 10

8 解決問題

人們認為他們中了樂透就會開心：Brickman, P., et al. 1978."Lottery Winners and Accident Victims: Is Happiness Relative?" *Journal of Personality and Social Psychology* 36: 917-927

這兒有兩份清單：Gleitman H., A. Fridlung, D. Reisberg. 2000. *Basic Psychology*. New York: Norton p.230:

一家廣告公司的高階主管：Jaffe.G. 2001. "With Recruiting Slow, the Air Force Seeks a New

Ad Campaign." *Wall Street Journal*, February 14

一次大戰後，法國人便犯了這項錯誤：“A Brief History of the Maginot Line.” www.geocities.com.

九月十一日以後：2001. *Variety*, October 8.

大聲朗誦是學習閱讀的好方法：Hauser, S. 2001. "Reading? It's for the Dogs." *Wall Street Journal*, August 9.

達爾文：Desmond, A., and J. Moore. 1991. *Darwin: The Life of a Tormented Evolutionist*. New York: W. W. Norton and Co., p. 467; "Dr. Alfred Russel Wallace at Home," an interview by E. Rann, Pall Mall, March 1909.

田徑運動最偉大的創新發明之一："Fosbury, Dick." www.britannica.com.

兩根繩子從天花板垂下：Maier, N. 1931. "Reasoning in Humans." In *Thinking and Reasoning*. 1968. P. Wason and P. Johnson-Laird, eds. New York: Penguin Books, p. 17.

桌上有一根蠟燭：Dunker, K. 1945. "On Problem Solving." In *Thinking and Reasoning*. 1968. New York: Penguin Books, p. 28.

眼前有兩罐滿滿的軟心糖豆：Denes-Raj, V., and S. Epstein. 1994. "Conflict Between Intuitive and Rational Processing: When People Behave Against Their Better Judgment." *Journal of Personality and Social Psychology* 66 (5):819-829.

類似但並非完全一致的狀況記憶來產生直覺：Claxton, G. 1997. *Hare Brain, Tortoise Mind: How Intelligence Increases When You Think Less*. New York: Ecco Press, p. 52. One form of the formula is given in Claxton's book.

傑克・基爾比：Reid, T. 2000. "Mister Chips." *Washington Post Magazine*, December 20.

拿一顆檸檬調製檸檬汁：Barta, P. 2002. "Jailhouse Conversion: Ossining Tires of Being a Prisoner to Sing Sing." *Wall Street Journal*, March 29.

英國醫生艾德華・金納：Porter, R., Ed., *Medicine of Healing*. 1997. New York: Marlowe and Company.

更快找到答案：Bransford. J., and B. Stein. 1993. *The Ideal Problem Solver: A Guide for Improving Thinking, Learning, and Creativity* (2nd ed.). New York: W. H. Freeman and Co.

Hallmark賀卡的創意策略總監：Wilson, C. 2001. "Hallmark Hits the Mark," *USA Today*, June 14.

不尋常的個案：Cohen, G. 1989. *Memory in the Real World*. Mahwah, NJ:Lawrence Erlbaum

Associates, p. 154.

試試你能否瞧出蛛絲馬跡：Seifert, C., et al. 1995. "Demystification of Cognitive Insight: Opportunistic Assimilation and the Prepared-Mind Perspective." In *The Nature of Insight*. R. Sternberg and J. Davidson, eds. Cambridge, MA: MIT Press, p; 65.

泳裝廠商：Harris, R. "Virtual Salt." www.virtualsalt.com/crebook4.htm.

搜尋你的知識領域或使用直覺：Metcalfe, J., and D. Wiebe. 1987. "Intuition in Insight and Noninsight Problem Solving." *Memory and Cognition* 15(3):238-246.

對你的智能記憶產生刺激：Adapted from Bowers, G.H., et al. 1990. "Intuition in the Context of Discovery." *Cognitive Psychology* 22: 79-109.

倫敦市興建地鐵系統：Harris, R. "Virtual Salt." www.virtualsalt.com/crebook2.htm; Bransford and Stein. *Ideal Problem Solver*, p. 164.

莎莉放走一群地鼠：Bransford and Stein. *Ideal Problem Solver*, p. 164.

一名有錢的商人：Lewis, D., and J. Greene. 1982. *Thinking Better*. New York: Rawson, Wade Publishers, p. 198.

9 發揮創意

這項誤解‥Mayer, R. E. 1999. "Fifty Years of Creativity Research." In *Handbook of Creativity*, R. S. Sternberg, ed. Cambridge:Cambridge University Press, pp. 449ff.

艾倫・萊特曼‥Lightman, A. 2002. "The Art of Science." *New Scientist*, vol. 176, p. 68.

漫畫家‥Ziegler, J. In Robert Mankoff. 2002. *The Naked Cartoonist*. New York: Black Dog & Leventhal, pp. 134-135.

作家‥Donaldson, S. R. 1991. *The Gap into Conflict: The Real Story*. New York: Bantam, pp. 222-223.

攝影家辛蒂・謝爾門‥1997. *Cindy Sherman: Retrospective*. New York: Thames & Hudson, p. 184

傑克森・帕洛克 1956. "Pollock Style:" *Time*, August 20.

他的創作過程曾被拍攝成影片及相片‥Ratcliff, C. 1998. *The Fate of a Gesture*. Boulder, CO: Westview Press, p. 111. Pollock's painting methods are analyzed in detail by Pepe Karmel in "Pollock at Work; The Films and Photographs of Hans Namuth" (*1998. Jackson Pollock*. K. Varnedoe, P. Karmel, eds. New York: Museum of Modern Art).

達許・漢密特：Hellman, L. 1965 "Dashiell Hammett: A Memoir." *New York Review of Books.* November 25.

10避免心智錯誤

一名男子被指控強暴：Schacter D. 2001. *The seven Sins of Memory*. Boston, MA: Houghton Mifflin Company, p.92.

一名夜班職員："Clerks Scheme to Steal Cash Overlooks Significant Detail," 2000. *Kansas City Star*. September 7.

三名在小學服務的維修工人：Northcutt, W. 2000. *The Darwin Awards*. New York: Dutton, p. 42.

這是一場雙人對局的遊戲：Bransford. J., and B. Stein. 1993. *The Ideal Problem Solver: A Guide for Improving, Thinking. Learning, and Creativity* (2nd ed.). New York: W. H. Freeman and Co., p. 182.

廣泛研究青少年與成人的心理學家：Kruger, J., and D. Dunning.1999. "Unskilled and Unaware of It—How Difficulties in Recognizing One's Own Incompetence Lead to Inflated Self-Assessments. " Journal of Personality and Social Psychology 77 (6): 1121-1134.

薪資的認知調查‥Gibbs, N. and M. DufFy. 2000. "Bush and Gore: Two Men, Two Visions." *Time* online edition, October 28.

諾佛娜‥Gladwell, M. 2000. "The Art of Failure." *New Yorker*, August 21 p. 84.

房間裡有四十個人‥Halper, D. 1996. *Thought and Knowledge: An Introduction to Critical Thinking*. Mahwah, NJ: Lawrence Erlbaum Associates, p. 260; and Levy, D. 1997. *Tools of Critical Thinking*. Needham Heights, MA: Allyn and Bacon, p. 180.

人們害怕涉入海水裡‥"In Brief." 2002. *New Scientist*, June, vol. 174, p. 25.

一名婦人走進醫師診所‥Levy, D. *Tools of Critical Thinking*, p. 157.

馬丁・葛登能‥Gardner, M. 1996. *The Night Is Large*. New York: St. Martins Press, p. 481.

洋杉激流市曾有一名男子‥"Least Competent Criminals," 2001. *News of the Weird*, October 10.

湯姆獨自除草‥Halpern, D., *Thought and Knowledge*, p. 29.

多倫多市一名男子‥Northcutt, W. *The Darwin Awards*, p. 150.

假設現在是凌晨兩點‥Bransford and Stein. *The Ideal Problem Solver*, p. 23.

離婚父親：Blanchard-Fields, F., et al. 1995."Age Differences in Problem-Solving Style: The Role of Emotional Salience." *Psychology and Aging* 10 (2): 173-180.

你隻身駕駛：Halpern, D. *Thought and Knowledge*, p. 318.

尋求創投資金的創業家：Marchetti, M. 2000. "Wild Pitches." *Smart Money*, December 19.

連接九個圓點：Wason. P., and P. Johnson-Laird, eds. 1968. "Reasoning in Humans." *Thinking and Reasoning*, New York: Penguin Books.

致人於死的機率：Halpern, D., *Thought and Knowledge*, p. 270.

一個小鎮有兩家醫院：Claxton, G. 1997. *Hare Brain, Tortoise Mind: How Intelligence Increases When You Think Less.* New York: Ecco Press, p. 55.

你正在進行一項減重計劃：Mayer, R. 1992. *Thinking, Problem Solving, Cognition*, New York: W. H. Freeman and Co., p. 491.

以下畫面有何弔詭之處？Pricken, M. 2002. *Creative Advertising*. London: Thames and Hudson, p. 62. From advertisement captioned "The vitamin supplement for animals with nutritional deficiencies." Client: FCL Laboratories (Enervit). Agency: TBWA, Barcelona. Creative Direction: Xavi Munill. Art Direction: Tomas Descals.

11 智能記憶的運用

受到啓發的修車靈感‥Weisberg, R. 1986. *Creativity*. New York: W. H. Freeman and Co., p. 4.

癌症恐慌‥Baron, J. 1988. *Thinking and Deciding*. Cambridge, UK: Cambridge University Press, p. 186.

管理雜貨店‥Bransford. J., and B. Stein. 1993. *The Ideal Problem Solver: A Guide for Improving, Thinking, Learning, and Creativity* .(2nd ed.). New York: W. H. Freeman and Co., p. 55.

另謀高就‥Sternberg, R. 1997. *Successful Intelligence*. New York: Plume, p. 208.

聰明的清潔隊員‥Sternberg, R., et al. 2000. *Practical Intelligence in Everyday Life*. Cambridge, UK: Cambridge University Press, p. 32.

來自童年的靈感‥2001. "James F. Bradley, 81." *Baltimore Sun*, April 11.

遲遲不下班的老闆‥Sternberg, R. et al. 2000. *Practical Intelligence*, p.209.

吸取新概念‥Freeman, A., and B. Golden, 1997. *Why Didn't I Think of That?: Bizarre Origins of Ingenious Inventions We Couldn't Live Without*. New York: John Wiley and Sons, p. 41.

從玩具到藝術‥Weisberg, R. *Creativity*, p. 111.

挖掘黃金‥Kinder, G. 1998. *Ship of Gold in the Deep Blue Sea*. New York: Atlantic Monthly Press, p. 476.

快速加油‥Weber, T. 2001."The New Way to Shop." *Wall Street Journal*, February 27.

協助電影明星面對痛苦‥MacFarquhar, L. 2001. "The Producer." *New Yorker*, October 15.

吵鬧的公寓‥Ruggiero, V. 1998. *The Art of Thinking*. New York; Addison-Wesley Educational Publishers, p. 114.

對等機會‥Strassel, K. 2002. "Hug a Logger, Not a Tree." *Wall Street Journal*, May 23

國家圖書館出版品預行編目資料

智能記憶／貝瑞・戈登 (Barry Gordon) ，
麗莎・柏格 (Lisa Berger) 著；
黃佳瑜 譯.-- 初版.-- 臺北市：
大塊文化，2005 [民 94]
面： 公分.-- (From ; 30)
譯自：Intelligent Memeory
ISBN 986-7291-60-3(平裝)

1. 記憶 2. 思考 3. 智力

176.3 94014833

LOCUS

LOCUS

LOCUS

LOCUS